先处理心情，后处理事情

金霞 著

黑龙江教育出版社

图书在版编目（CIP）数据

先处理心情，后处理事情 / 金霞著. -- 哈尔滨：黑龙江教育出版社, 2017.7
（读美文库）
ISBN 978-7-5316-9416-8

Ⅰ. ①先… Ⅱ. ①金… Ⅲ. ①成功心理－通俗读物
Ⅳ. ①B848.4-49

中国版本图书馆CIP数据核字（2017）第175493号

先处理心情，后处理事情
Xianchuli Xinqing，Houchuli Shiqing
金　霞　**著**

责任编辑　杨云鹏
装帧设计　MM末末美书
责任校对　李欣欣
出版发行　黑龙江教育出版社
（哈尔滨市南岗区花园街158号）
印　　刷　天津安泰印刷有限公司
开　　本　880毫米 × 1230毫米　1/32
印　　张　7
字　　数　140千
版　　次　2017年11月第1版
印　　次　2017年11月第1次印刷

书　　号　ISBN 978-7-5316-9416-8　　**定　　价**　26.80元

黑龙江教育出版社网址：www.hljep.com.cn
如需订购图书，请与我社发行中心联系。联系电话：0451-82533097　82534665
如有印装质量问题，影响阅读，请与我公司联系调换。联系电话：010-64926437
如发现盗版图书，请向我社举报。举报电话：0451-82533087

前言
Preface

心情决定做事的态度，做事的态度决定做事的行为，做事的行为决定做事的结果。有什么样的心情，就有什么样的做事结果。心情的状况影响做事的成败。

心理学家曾做过这样一个实验：选择一群非常优秀的人和一群平庸的人进行调查，想知道为什么优秀的人可以得到那么大的成就，那些普通的人为什么这么平庸。结果是非常惊人的：他们之间的最大差别，并不在于外在的能力，而在于他们内在的心情，是心情决定了他们潜能发挥的大小，决定了两者的天壤之别。

道理就是这么简单：决定成功与失败的，不在于我们是谁，不在于机遇的多寡，更不在于我们在什么地方，我们正在做什么，而在于我们用什么样的心情处理当前发生的事情以及正在发生的事情。

心理学研究表明，轻松、愉快、乐观的良好情绪，不仅能使人产生超强的记忆力，而且能活跃创造性思维，充分发挥智力和心理潜力。而焦虑不安、悲观失望、忧郁苦闷、激愤恼怒等坏情绪，则会降低人们的智力活动水平。

一个人心情开朗乐观，则对什么事情都充满了热情，对生活充满了希望，做事情的时候都积极上进，自然就会事事顺利，心情也就会越来越好。相反，一个人的心情抑郁烦躁，整天愁眉苦脸、忧虑重重，不管做什么事情都消极被动，效率低下，甚至错误百出，其能力和价值就会受到人们怀疑，外界的肯定越来越少，这样也就使自己心情更加消极抑郁，形成了恶性循环。

一位哲人曾经说过：一个人的心态就是一个人真正的主人，要么你去驾驭生命，要么生命驾驭你，而你的心态将决定谁是坐骑，谁是骑师。愉悦的心情是一时的，重要的是我们要保持这种愉悦，再达到宁静的状态，宁静的心情可使人们遇事能够开扩视野，纵横思考。运用自如地驾驭、把握自己的情绪，不管碰到什么不愉快，尽可能从中寻出合理的一面，从而获得新的宁静。

消除不良情绪，保持良好的精神状态，是进行创造性学习、提高工作效率、人生不失控的一大法宝。

《先处理心情，后处理事情》强调了心情对于做事的重要性，阐明了心情是如何影响事情的，揭开了人们心情不好的内在根源及其对事情带来的隐患和危害。同时针对当代人的心理状况和生活实际，结合大量典型的事例，用启发、劝慰的语气，引导人们在做事的过程中如何调整自己的心情，克制自己的脾气，掌控自己的情绪，学会用理智驾驭情感，塑造成功心态，以开朗的心情和成熟的心智面对职场、情感、生活和人生中的种种问题和困境，充满活力、轻松高效地处理、解决好每一件事情，赢得心想事成的如意人生。

拥有好心情，会愿意做事。调整好心情，会顺利成事。

培养好心情，会高效做事。先处理心情，后处理事情。

目录
Contents

第一章

别让心情不好毁了你的事情

晒晒你的“心情账单”

你的心情账单是怎样的？心情账单里，对每一块钱并不是一视同仁的，而是视不同来处、去往何处，采取不同的态度。

“心情账单”是一种有趣的心理现象，对人的行为有直接的影响。

如果今天晚上你打算去听一场音乐会，票价是100元，在马上要出发的时候，你发现把最近买的价值100元的电话卡弄丢了。你是否还会去听这场音乐会呢？大部分人仍然会去听。可是如果情况改变一下，假设你昨天花了100元钱买了一张今天晚上的音乐会门票。在你马上要出发的时候，突然发现门票丢了。如果你想听音乐会，就必须再花100元钱买张门票，你是否还会去听呢？结果却是大部分人回答说不去了。

其实，仔细一想，这两种结果损失的钱是一样的。不管丢的是电话卡还是音乐会门票，总之是丢失了价值100元的东西，从损失的金钱上看，并没有区别。之所以出现上面两种不同的结果，其原因就是大多数人的心情账单的问题。

对于抑郁的人来说，他们的心情账单是出现了较大亏损的。他们不是在不断地透支积极、正面、平和，就是不断在索取焦虑、抱怨、痛苦、担忧，这样的亏损使得他们总是对一件事情纠缠不休，不能很快地原谅自己、原谅别人，即使是因为客观原因，他们也总是难以释怀，并据此不断地胡思乱想，难以很快摆脱事情带来的负面影响。

一个出身名校的外企白领，有房有车，但承受的压力也是巨大的。她每天都忙得团团转，更重要的是她根本体会不到快乐，她感觉自己的生活都被压力、责任、忙碌、业绩、客户、出差等充斥着。

这样的生活让她感到了透彻心底的疲惫，慢慢地，她会莫名其妙地沮丧、孤独、脆弱、厌食、浑身无力、失眠，全身不适甚至包括皮肤，像有块沉重的石头压迫着空空的脑袋，无力集中精神做任何想做或必须做的，哪怕原来很感兴趣的事。

让心理长时间处于失衡状态的结果，就是整个人的心态都走向了负面，完全看不到正面、积极的东西，在这样的心态下，人是无法做好任何事情的。

如果将心情账单做个延伸，我们就会发现，每个人的心情账单并不仅仅是管钱的，还管理着伤心、痛苦、高兴等不同的情绪。我们假设两次伤害的程度是一样的，那么，对一般人来说，如果这个伤害是别人造成的，那他的心里会非常委屈，甚至是异常愤怒；如果这个伤害是自己的原因造成的，那程度就要轻很多。因为相对于原谅别人来说，人总是善于原谅自己。

如果你的心情账单也出现了某种程度的亏损，那就尽快想办法让收支尽量达到平衡吧。当然，一定要选择合适的、光明正大、极有效的办法。

心情不好，做事效率低

时间上的紧迫，工作上的压力，会给人带来种种焦虑，让人每天都在着急上火、心情郁闷中渡过。

于是，有人开始发泄心中的烦闷：工作总是做不完，时间总是不够用，上司又在指责工作没有做好，老板又在加任务了，今天的工作又延误了……一边在生气中眼看着时间白白流逝，一边又在时间流逝的过程中继续生着气，于是，所有的事情都被安排在了后面。

人们往往会这样说："算了，不干了，气都气饱了，还干什么啊？""真是倒霉透顶，剩下的活明天再干！""老是挨批评，简直成了受气包！""那些事先放一放，等我心情好了再说……"如此一来，必定会大大地降低工作的效率。

学习、工作太忙时，缓一缓再做，有助于调节紧张的神经。可是如果凡事都要"缓一缓，以后再做"，往往打乱计划，一片混乱。

随之而来的便是自责、后悔、烦躁的情绪。这些坏情绪又会影响后面的工作。

人有时是容易泄气的。心情不好时，做什么事都提不起精神，遇到挫折时也会灰心丧气，做事自然是无精打采、效率低下。

效率在坏情绪中被降低，是不值得的。想想，一有情绪就撂挑子，只顾自己发泄，发泄完了，事还得接着做，但是浪费的时间已经找不回了，降低的效率显而易见。

工作上的事，并不会因为你的情绪化减少或自动消失，无论你是心情好还是心情不好的状态，它都是存在的，任务仍然等着你去完成，活儿还得等你去干。所以，与其带着情绪做事，不如心平气和地做事，这样效率一定会比在心情不好时高出许多倍。

心情不好，做事容易铸成大错

人在心情不好的状况下，做事时往往不考虑后果，因而容易铸成大错。

《孙子兵法》指出："主不可以怒而兴师，将不可以愠而致战，合于利而动，不合于利而止。"意思是：国君不可以因一时的愤怒而兴兵打仗，将帅不可凭一时的怨愤而与敌交战，因为一个人愤怒过后可以转变为高兴，怨愤过后可以转变为喜悦，但国家灭亡了就再也难以恢复了。一切都要以是否有利为转移，合于利则动，不利则止，这才是理智的行为。

三国时期，蜀国名将关羽败走麦城，被东吴擒杀。张飞闻讯，悲痛欲绝，严令三军赶制孝衣，为关羽戴孝，逼得手下将官无奈，最后铤而走险，将其刺杀。

刘备为报东吴杀害关羽之仇，举兵伐吴。诸葛亮、赵云等人苦苦相谏，然而这时的刘备心情坏到了极点，已完全失去了理智，根本听不进别人的劝谏。刘备率兵攻打东吴，结果被吴将陆逊一把火烧得溃不成军，数万军士丧生，刘备本人带着残兵败将退归白帝城，羞愧交加，一命呜呼。蜀军从此一蹶不振。

而与张飞、刘备相反的是，一个人因为心智圆融，能忍常人所不能忍，最后获得了成功，他就是司马懿。司马懿多谋善变，遇事极为冷静，从不为自己的心情所左右。

三国时，诸葛亮和司马懿祁山交战，诸葛亮千里劳师欲速战决雌雄。司马懿以逸待劳，坚壁不出，欲空耗诸葛亮士气，然后伺机求胜。诸葛亮面对司马懿的闭门不战，无计可施，最后想出一招，送一套女装给司马懿，羞辱他如果不战小女子是也。古代以男人为尊，尤其是军旅之中。如果是常人，定会接受不了此种羞辱。可司马懿另当别论，他落落大方地接受了女儿装，情绪并没有受到影响，心态保持良好，还是坚壁不出。

现实生活中，人们常因一时的不顺，心情失控，失去理智，做事不加考虑，不计后果，最终铸成大错。如果能保持理智，调整好心情，谋后而动，就会避免很多错误事情的出现。

一个人心情不好时容易冲动，大脑就会失去理智，因而往往不能正确判断形势，做事错误就在所难免了。因此，不论面对什么情况，都要让自己的心情不受影响，不要让坏情绪左右你，头脑清醒，如此为人做事，才能成就大事业。

总而言之，良好的心情，适宜的克制，理智的行动，是人们做事时具有智慧的表现。

心情不好，小事情变成大事情

心理学上有一个积累定律，说的是，很多人想成就一番大事，其实天下并没有什么大事可做，一件件小事积累起来就变成了大事。这条定律用在这里同样成立，无数的小快乐会成就乐观幸福的人生，而无数的小烦恼则会导致大烦恼不请自到。

大事化小，小事化了，这是一种能耐。但是如果反过来，让小事不断累积变成了大事，最终无法解决，那就成了一种无奈。不光是无奈，还会带来很多的烦恼和问题，让你应接不暇，无能为力。

人们每天需要面对很多的事情，每件事情都可能在一定程度上影响人们的心情，或高兴，或烦恼。高兴自不必说，而如果放任烦恼不断出现、累积，那一天的好心情就会荡然无存。而如果让每一天的烦恼这样累积，每个月如此累积，人们会很快在这种周而复始的不断累积中产生抑郁情绪，更严重者还可能得抑郁症。

一些烦恼、麻烦、不快乐的理由只是很小的问题，但是如果不能及时将这些小问题解决掉，就会不断累积变成大问题，最终导致人们的心情越来越糟糕，无法集中精力做好事情，从而离自己最初的目标越来越远。

很多时候，这样的小问题甚至都是无意识的，但是只要存留在心里，就可能成为最后压倒你的那根稻草。

英国著名作家迪斯雷利曾经说过：“为小事生气的人，生命是短暂的。”这句话很有道理，生命的茁壮不仅仅是对抗严峻的挑战，还在于对小问题、小麻烦的免疫。如果我们不能保持一个好的心情，出现一点小问题、小麻烦就郁闷不已，那么小问题、小麻烦往往会给你带来致命的威胁。

因此，我们要正确对待生活和工作中出现的小问题、小事情，不要因为一点小问题、小事情而烦恼愁闷，影响了自己的心情，以免让小问题累积成大问题，小事情演变成大事情。

心情不好，好事会变成坏事

俗话说：天有不测风云。生活中每个人都可能遇到许多不尽如人意之处。比如：你做生意失败了；太太被老板炒了鱿鱼；孩子踢球把邻居家的玻璃打碎了，人家找上门来，等等。假使你面对上述情形，你会有“发疯”的感觉吧。其实生活中有许多人和事，就是因在突发情况下的不理性，心情恶化，丧失了判断力，从而使事情恶化，自己也在其中成了受害者。

一位大学生毕业后应聘于一家公司搞产品营销，公司提出试用三个月。三个月过去了，这位大学生没有接到正式聘用的通知，于是，他一怒之下愤然提出辞职。公司的一位副经理请他再考虑一下，他越发火冒三丈，说了很多抱怨的话。于是对方也动了气，明明白白地告诉他，其实公司不但已经决定正式聘用他，还准备提拔他为营销部的副主任。这么一闹，公司无论如何也不能再用他了。这位涉世未深的大学生因自己的不理性而白白地丧失了一个绝好的工作机会。

人的生命是短暂的，如何才能抓住机会，不让自己的生命留下悔恨呢？这不仅需要你有一双勤劳、敢于探索的手，更需要你有一双智慧的眼睛、一颗成熟冷静的心。

一名初登歌坛的歌手，满怀信心地把自制的录音带寄给某位知名制作人。然后，他就日夜守候在电话机旁等候回音。第一天，他因为满怀期望，所以情绪极好，逢人就大谈抱负。第十七天，他因为情况不明，所以情绪起伏，胡乱骂人。第三十七天，他因为前程未卜，所以情绪低落，闷不吭声。第五十七天，他因为期望落空，所以心情坏透，接通电话就骂人。没想到电话正是那位知名制作人打来的。他为此而自断了前程。

错过一次机会并不可怕，可怕的是这种令人抱憾终生的错过，一次又一次在你身上上演的时候，那么你的人生恐怕就注定没有转机了。

在生活当中，保持良好的心情，理性地面对社会百态，才能使我们的生活提升至较高品位。

理性是知识、智慧的独到涵养，更是豁达、大度的深刻感悟。我们面对着一个高速发展的物质世界，我们必须具有心灵和人性的成熟美。否则，就是成功送到我们面前，还是难免在毛躁中遭致失败。

心情不好，做事总走倒霉运

生活中很多糟糕的事情，常常是由于人的负面心情不断累积、恶化而引发的后果。

心态的失衡，以及对不良心情的放纵，没有及时制止不良心情的蔓延，是导致负面情绪不断扩散影响，进而将这种影响固定下来，并在之后的时间里不断恶化，由此引发一系列的恶果的原因。

所谓“人倒霉的时候，喝凉水都塞牙”，事实上就是心态失衡后，没有及时让心态回归平静，而是放纵不良心态的典型案例。

小王因工作表现不佳，受到上司的严厉批评。他心中不服，脸上挂不住，这时候的他肯定是怨恨、愤怒、不满等心理情绪交织着。

他回到办公室忍不住发泄自己的情绪，他很重地撞开了门，结果由于力量太大，震碎了窗户上的玻璃，而掉下来的玻璃恰好砸在他自己身上，他觉得自己太倒霉了。

然后，愤怒的他一屁股坐在椅子上，由于用力过猛，椅子翻了，自己摔在地上，扶着桌子起来的时候没看见丢在桌子上的大头针，结果扎伤了手，他觉得自己简直倒霉到家了……

这一连串倒霉事情的发生源于小王一开始受到的严厉批评。批评导致小王的心态失衡，他没有及时调整，而是放纵了这种失衡心态，使自己一直徘徊在负面情绪中。心理一直处于失衡状态导致的结果就是，等有新的事情出现的时候，心理状态还在延续之前遭受挫折时的心理，因而采取的处理办法多半是消极、不正确的，这就导致了倒霉事一件接一件的状况发生。

凡事总有因果，不良情绪会导致不良结果。不良情绪的产生有一个累积过程。当小情绪不断累积，变成大情绪，变成无法解决的烦恼，变成心理上难以承受的负担，如果不加以控制，情绪的“火山”就会爆发，就会造成严重的后果。烦恼由小变大的这个过程，也就是坏情绪不断繁衍的过程。如果能够及时打断这个过程，坏情绪很可能就戛然而止了，也就避免了一些意外的事情。

负面心理的影响有时候并不会在很短时间内消除，需要一个缓冲地带，但是别让这个缓冲地带过大。因此，最好不要让不良心理停留时间过长，以免郁积于心，不断膨胀，引发不良后果。当问题出现时，应当正确看待，将心情调整好，采用有效的方法及时处理好问题。

心情不好，误人误己误事情

人们在工作、生活中，常常依从心情的摆布，心情激动时就会喜怒无常（情绪化最典型的表现），什么蠢事都愿意做，什么蠢事都干得出来。比如，因一句无甚利害的谈话，我们便可能与人争吵，损伤彼此和气；甚至与人打斗，把事情闹得不可收拾。事后冷静下来，自己也会感到其实可以不必那样。这都是因为心情的躁动和亢奋，蒙蔽了人的心智所为。

心情失控会使人失去理智，不能掌控自己的情绪。如果你无法控制自己的情绪，你将为此付出代价。

第四次中东战争中，以色列第190装甲旅旅长阿萨夫·亚古里与埃及军队第二步兵师先头部队遭遇时，因三次进攻均未成功，便恼羞成怒，孤注一掷把剩余的85辆坦克全部投入战场，结果中计惨败，使85辆坦克在3分钟内毁于一旦。

我们还可以举出很多人因情绪的浮躁、简单、不理智等而铸成过错的例子，大则失国失天下，小则误人误己误事。

面对各种困境、烦恼的时候，要想把握自己，就必须控制自己的思想，必须对思想中产生的各种情绪保持着警觉，并且视其对心态的影响是好是坏而接受或拒绝。乐观会增强你的信心和弹性，而愤怒会使你失去宽容和正义感。如果无法控制自己的心情，将会因为不时的心情波动而受害。

心情是人对事物的一种最浅、最直观、最不动脑筋的情感反应。它往往只从维护情感主体的自尊和利益出发，不对事物作智谋上的考虑，这样会使自己处在很不利的位置，为他人所利用。本来，情感离智谋就已距离很远了，心情更是情感的最表面部分，最浮躁部分。心情不好容易走向情绪化，以情绪做事，哪里会有理智？不理智，能够获胜吗？显然是不可能的。

一般心性敏感的人，头脑简单的人，常受心情支配，头脑容易发热。问一问你自己，你爱头脑发热吗？你爱情绪冲动吗？检查一下你自己曾经因此做过哪些错事，犯傻的事，以警示自己。

记住，做人不能太情绪化。

别让人生输给了心情

你不可能因为给人一个微笑而丧失什么。没有人不喜欢微笑，这个道理，人尽皆知。

向平曾经有段日子生活得很惆怅，他喜欢的女孩不在乎他，他精心做的稿子被改来改去，感冒也不时地光顾。这时向平的好朋友对他说：“输什么也不能输了心情，有些事情还是放了吧。”

向平决定改变。他不再找那个女孩，那篇稿子他立即投往别处，并告别了一度懒散而无规律的生活，每天开始打球和跑步。结果，他的身体变了，那个女孩开始在乎起他了……

一个人或一件事能令你不舒服是一定有着什么原因的，有的原因要过很久才有可能知道，而有些原因你永远都不会知道，但这些都不重要，重要的是它使你不舒服，它影响你的心情，影响到你的判断，也消磨着你的时间和生命。

人的一生，就像一趟旅行，沿途中有数不尽的坎坷泥泞，但也有看不完的春花秋月。如果我们的一颗心总是被灰暗的风尘所覆盖，干涸了心泉，黯淡了目光，失去了生机，丧失了斗志，我们的人生轨迹岂能美好？但如果我们能保持一种健康向上的心态，即使我们身处逆境，事情不尽人意，也一定会有苦尽甘来、光明灿烂的那一天。

而且，就现实的情形而言，你一时的呻吟与伤感，虽然能得到短暂的同情与怜悯，但最终的结果必然是得到别人的鄙夷与厌烦；而乐观上进的人，经过长久的忍耐与奋斗，最终赢得的将不仅仅是鲜花与掌声，还有那饱含敬意的目光。

虽然，每个人的人生际遇不尽相同，但命运对每一个人都是公平的。因为窗外有土也有星，就看你能不能磨砺一颗坚强的心，一双智慧的眼，透过岁月的风尘寻觅到辉煌灿烂的星星。先不要说生活怎样对待你，而是应该问一问，你怎样对待生活。

只要我们保持好心情，就能化解生活中的种种不如意之事，就能赢得如意的人生。

安下心来，做好眼前事

生活中常有不公平的事情出现，于是你的心理开始不平衡，心里一阵阵地觉得窝火。

你努力了，付出了，反而没有得到回报；看到别人的小日子过得好既眼馋又嫉妒，想到自己混得不好不赖，觉得心里堵得慌；看到别人一副很有成就感的模样，想想自己觉得不免有点窝囊，于是窝心、憋屈……

其实，这些事情也不只出现在你一个人的身上。地球是圆的，总有一些人站在圆的切线点上比你早几分钟看到太阳。人生的事情很难做到公平，有些人生下来或许就含着“金钥匙”，而有些人或许生下来身体就不完整，这些都是我们先天无法掌握的，只能接受。

生活有时候并不如我们想象中美好，它们对于我们每一个人的待遇都有所偏心，有的人确实生于荣华，处于顺境；有的人或许就没有那么多天生的优势。不过相信上帝在为你关上一扇窗的同时，肯定为你打开了另一扇窗。看淡这些不平，才能潜心地去做正经的事情。我们的心和胸怀就那么大，如果装满了埋怨和愤愤不平，又怎么能有心思去探索自己的梦想呢？

面对人生的不公，不可强求，安心做好自己的事情就够了。

生活就是如此，它给了你什么，你是无法改变的，不如坦然地接受，利用它赋予你的东西去实现自己的人生价值。看淡生活的不平，便是懂得如何生活。懂得生活的人，不仅仅是成功的人，也是具有智慧的人。没有什么可以完全按着你的意愿去发展变化，有时候付出了、努力了反而没有回报的事情并不代表它们白白付出，相信它们肯定会以其他形式，在其他方面补偿你的。

付出和回报有时候展现出的不平衡，只是暂时现象，需要从长远的角度来看。然而有的人偏偏不懂这一点，他们不把心思和精力放在奋斗上，放在探索人生上，反而苦苦追寻着平衡，换来的也不过是劳累罢了。

面对这些所谓的不平，平庸之辈只会心理不平衡，极力埋怨，而不以实际行动去改善，结果差距越来越大；智者则会调整心情，坦然地接受它们，积极地用后天的努力去改变这种不平，赢得了自己的人生，也赢得了更多的敬佩。

先处理好心情，再处理好事情

人的心情好坏，完全可以由自己决定。有的人决定拥有忧伤，有的人决定拥有快乐。或者说，悲观是你的决定，乐观也是你的决定。同样的，自卑是你自己决定的；自信也是你自己决定的。

心情不同，人们眼中的世界也不相同。“感时花溅泪，恨别鸟惊心”，是悲观者的世界；春光灿烂，鸟语花香，是愉悦者的世界。

如果你内心不快乐，必须先对你的思想来一次彻底地改造。如果你的心中充满了愤懑、怨恨、自私或者灰色思想，当然，一切快乐的光芒便无法穿越。你需要改变精神生活，采用另一种积极向上的态度，然后，才能真正获得人生的乐趣，才能做好自己的事情。

作家爱默生在每天睡觉前，总是告诫自己说：“时光一去不返，每天都应尽力做完该做的事。疏忽和荒唐事在所难免，尽快忘掉它们。明天将是新的一天，应当重新开始一切，振作精神，不要使过去的错误成为未来的包袱。”

他十分清楚，如果以悔恨来结束一天，实在是不明智之举。因此，爱默生就像一个关门人，在一天结束时就把门关上，将一切忘记。

曾任英国首相的劳合·乔治也是这样做的。有一天，他和朋友在散步，每经过一扇门，他便随手把门关上。“你没必要把这些门关上。”朋友说。

“哦，当然有必要。”乔治说：“我这一生都在关身后的门。你知道，这是必须做的事。当你关门时，也将过去的一切留在后面。然后，你又可以重新开始。”

要成为一个快乐的人，很重要的一点就是要学会往前看。忘记过去的不愉快，努力向着未来的目标前进。

如果某些不好的事情已经发生了，就不要总是耿耿于怀，应该学会放下，将懊悔关在门外。因为，不管你如何想着它，事情的结果也不会有什么改变，只会白白浪费你的时间。与其在追悔莫及中度过每一天，为什么不抓紧时间多做些有意义的事情呢?

你可以制定新的计划，树立新的目标，让你的人生更加丰富多彩。今天，不要为昨日的失误而悲伤，否则，明天就要为今日的颓丧而懊悔。

当然，失败的教训我们一定要吸取，决不能再去犯第二次错误。我们把昨天关在门外，并不是把经验教训也扔掉，而是要迅速从失败的阴影中走出来。只有如此，我们才能以昂扬的姿态应对明天，精神焕发地去做计划中的事情。

现在，繁忙的一天就要结束，你已经完成了你该做的事情。临睡前请把这一扇门关上吧，当明天第一缕阳光照向你的窗口时，新的大门就会向你开启的。

第二章

别让你的脾气大过你的本事

乱发脾气，事情越来越乱

美国密歇根大学的一项调查表明，日常生活中，人们有3/10的时间爱发脾气、发牢骚、易怒、暴躁，却不知道原因何在。

你肯定有过这样的感受，只要遇到一件不顺心的事情，那么一系列不如意的事情就会接踵而至，你一整天都陷入坏心情之中。

小李早上睡过了头，爬起来穿好衣服，打好皮鞋油就往外跑。

谁知外面下着雨，刚打好油的皮鞋沾满了水，裤腿也湿漉漉的还带上了泥巴。

在公交车站等车，却半天不来一辆，小李有些着急，一看表更慌了，如果迟到刷不上卡，那一天等于没上班。

小李决定打车走，又因雨天打车的人太多，好不容易来一辆空车，立刻有人抢先而上。

小李几次也没打上，正好公交车过来了，赶紧上吧。还好，有坐，一屁股坐下去，感觉屁股冰凉，抬起屁股一看：哇噻，原来车座子上有水！可能是刚才的乘客把伞放在车座上的原因。小李憋了一肚子火：我的毛料西裤算完了！这鬼天气！

总算及时到了办公室，一脚迈进办公室，小马就告诉小李高管考核方案没通过，退回修改。那可是小李熬几天几夜的成果啊。要修改，说得多轻松！可改起来多么费劲啊！小李心里又委屈又生气，放在一边，一天也懒得弄。

终于下班了。还是细雨蒙蒙，小李也没什么精神，晃荡着往外走。突然想起忘了给女朋友打电话，约好下午打电话商量晚上吃饭地点的，你看这记性，就今天这些倒霉事给搞的。赶紧打吧，不然女朋友该发脾气了。电话通了，没人接的声音，过了半天才接，那边传来怒吼声："我们约的几点，你脑子进水了？我不去了，你自己吃吧！"啪！电话挂断了。小李这一肚子气，憋得他甚至想在大街上吼几声。

这时，电话铃声响起来，是上司的声音，问退改方案做的怎么样了，小李正在气头上，没好气的说没做呢。上司也火了，大声吼道："没做明天就不用来上班了！"

小李的坏脾气，引起一连串的连锁反应，结果都是糟糕的。

心理学家研究表明：当一个人遇到高兴事情的时候，下丘脑就会分泌出一种叫"去甲肾上腺素"的物质，这种物质会让你的心情越来越兴奋；当一个人处于坏心情之中时，下丘脑就会分泌出一种叫"多巴胺"的物质，这种物质会让你的心情越来越糟糕。

因此，当你遇到倒霉不愉快的事情时，应当及时控制自己的心情，一旦坏心情出现苗头的时候，你就应该立刻把它扼杀掉，千万不能任其肆意发展，乱发脾气，否则你的心情会越来越糟糕。不但这样，还有更严重的后果，如果你经常有这种坏脾气，你的人生会陷入"倒霉连锁链"中，必定暗淡无光。

脾气越大，代价越大

脾气大的人容易冲动，冲动之下做事会造成不可挽回的后果。冲动是指在理性不完整的状况下的心理状态和随之而来的一系列行为。一些人仅因一件琐事、一句口角，一时冲动便起意伤人，为此付出沉重的代价。事后往往悔不当初，而旁观者则对他们迟来的觉醒摇头叹息。

研究发现，下面这些人的冲动指数相当高：

（1）价值观不正确，摆不正自己的位置的人。

（2）无所事事，没有明确的事情分散体力、精力的人。

（3）在节律周期的临界日，特别是在情感曲线的临界日的人。

（4）人体内环境失衡，如甲亢等内分泌失调的人。

一个冲动的人，在他作出冲动的举动之前是很欠考虑的，甚至都没有考虑过，而是凭一时的冲动而先行动，最终导致严重的后果，后悔莫及。尤其是血气方刚的年轻人，最容易冲动，在事后又追悔莫及。因此，我们应该时刻提醒自己一定要改掉冲动的毛病。

在一些人办公桌的玻璃板下或床头上常常可以看到“制怒”两字，意在提醒自己不要发火。在这个问题上，严格要求自己，加强思想修养是非常必要的。

清朝的林则徐官至两广总督。有一次，他在处理公务时，盛怒之下，把一只茶杯摔得粉碎。但他猛抬头，看到墙上挂着的牌匾上写着自己的座右铭“制怒”两字，意识到自己的老毛病又犯了，立即谢绝了仆人的代劳，自己动手打扫摔碎的茶杯，表示悔过。林则徐虽然有时控制不住自己的情绪，但随时注意克制，知错就改，这一点也非常难得。

有人认为和颜悦色，从不疾言厉色，是十足的懦夫行径，殊不知这样的人才是真正具有大智、大仁、大勇的人物。

压制住自己的怒火，理智节制，可能是解决问题的最好方法。对于做大事者来说，是成就事业必须具备的基本素质。节制忍让是一种能力，能在屈辱中负重拼搏更是一种本领。节制忍让，处变不惊，临危不乱，凡成就大业者莫非如此。

一生气，事情就“爆炸”了

上班时间快到了，而公交车却因交通堵塞停滞不前时，你是否会烦躁不安？

工作时计算机突然出现故障导致你的资料全部丢失时，你是否会郁闷不已？

工作中的挫折、生活中的困难、同事间的摩擦、邻里之间的纠纷等，都可使人生气、愠怒，甚至暴跳如雷。但是你是否想过，生气之后的后果是什么？是问题依然没有解决，自己的心里还不痛快。

有一家人，坐得好好的正在吃晚餐，边吃边聊。不经意中儿子谈起关于“良心”这个话题。那女主人却顺口说出了一句：“我看你爹就没有良心。”

她丈夫一时觉着失了面子，又无言答对，便“哗啦”一声地把饭桌掀翻了。夫妻二人动起手来，孩子们哭叫声跟着四起，妻子见打不过丈夫，就开始砸锅摔碗，嘴里还不干净地骂着说：“谁也甭想吃饭啦！我叫你们过！”一边喊，一边摔，大人孩子浑身尽粥汤。

可是过不了半晌，她一看自己置买的那锅碗瓢勺都砸个稀烂，就又掩面号啕大哭起来。好热闹的一场闹剧。

固然，生气的时候摔碎可以摔碎的东西，打破可以打破的物品是一种宣泄方式，但你有没有想过你摔碎的不仅是你的财物，更是你的生活？

一块石头砸在镜子上，我们顶多“刺耳”一下，但一块石头砸在生活上，就会留下“刺耳”的永久的回音。你的生活会被搞得一团糟。

然而，你发泄了之后你就会痛快了吗？如果你的回答是“是”，那么你在很大程度上是在欺骗自己。生气发怒的人，在他们平静之后往往会为自己的行为而羞愧。

因此，我们要控制自己的脾气，控制自己的愤怒。然而，制怒并不是一件容易的事，它是一个人以理智战胜感情冲动的过程。善于制怒不仅需有“忍人所不能忍”的宽广胸怀和以大局为重的精神境界，而且还需要有强烈的自我控制意识。要“制怒”，首先要努力陶冶自己的性情，不断提高自己的修养，理智地将“愤怒”这个“情绪炸弹”扔掉。

怨气冲天会让事情越来越糟

生活中只要有人的地方，就会有人与人之间交叉错乱的情感纠葛发生。面对这些杂乱纷扰的磕撞与碰触，人们难免会心情烦躁，产生诸多抱怨。生活之事有大有小，可大也可小，如亲密的朋友中途突然离去，公交车上的拥挤磕碰，知名教授的重大演讲等。面对生活中的大小之事，有的人积极面对，有的人抱怨不堪；有的人一笑了之，有的人斤斤计较；有的人就事论事，有的人对人不对事。生活有多大，人的差异就有多大。

任何事情都存在度的界限，一旦超过这个界限，矛盾就会发生，伴随而来的不满和抱怨情绪就会困扰我们的心智。

抱怨是一种回避问题的消极态度，抱怨只会让事情越来越糟。

这里面就要涉及两个问题：一个是矛盾的产生，一个是和解的态度，而抱怨是处于两者之间的中介变量。

生活的摩擦直接导致抱怨的产生，有了抱怨人们就有了面对问题、解决问题的态度。这里最为关键的还在于抱怨的性质与强度。如果人的抱怨是为了能更有效地解决问题，那么抱怨太轻，起不到解决问题的目的；抱怨过重，又会引起对方的反感，也不利于问题的解决，所以中度的抱怨是最为理想的水平。如何抱怨适中，这是哲学的艺术，更是生活的思考与感悟。

我们一般所讲的抱怨都局限于第二种，是对生活中矛盾冲突的碎碎念。没有实质性的意义，对于问题的解决没有丝毫的引导作用。公交车上的拥挤，我们都经历过。在推搡中，被别人不小心踩一脚，或你“无意”还回一脚，大骂他人不长眼睛，被人大骂不长眼睛，是否能够让被踩了的脚没有被踩呢？抱怨司机开车如蜗牛一般，抱怨人多得如蚂蚁一般，是否能够让拥挤的车空间变得宽敞无比呢？是否能够让司机在道路阻塞的夹缝中疾驰飞行呢？如果可以的话，那就尽情抱怨吧！

事实上，周围抱怨的声音没有片刻停止，大家依旧你来我往地互相推搡，不去侵犯他人也绝对不能让他人侵犯，在狭窄的车空间里呼吸依旧难以顺畅，司机的喇叭按了又按，车上的人下不去，车下的人上不来，彼此的抱怨唾骂还是不绝于耳，响彻四周。

然而抱怨有用吗？抱怨不仅不能改变事情，反而会让事情变得糟糕。既然没有用，那就请闭嘴吧！用宽容的心，用理解的情，用真挚的笑容，用温馨的语言打破僵局，营造崭新的局面，也许在其乐融融的氛围中，一切事情都会变得好起来。

小脾气惹出了大事情

脾气有大有小，有的人动不动就爱发小脾气。小脾气，是由生活琐事而生的不该生的气。

发小脾气有三害：

一害自己的身体。发小脾气时心里不痛快，心情压抑或烦躁，这种消极情绪若经常出现或反复产生，势必影响人体的正常生理功能，导致心理平衡失调，免疫功能下降，多种疾病就可能接踵而至。

二害自己的事业。不良的情绪不仅会影响工作或学习的效率，还会妨碍与上下级和同事的关系，影响团结，不利于事业的成功。

三害他人。发小脾气时常会态度不恭或出言不逊，使他人心境被破坏，心灵遭到打击。

心理学中把情绪分为心境、激情、应激三种状态。其中，心境是一种使人的一切其他体验和活动都感染上情绪色彩的比较持久的情绪状态。它具有弥散性的特点。当一个人处于某种状态时，看待一切事物都受其影响。良好的心态使人在接人待物中产生兴趣，不良的心境使人感到凡事枯燥无味，容易发小脾气。

一般说来，人在发小脾气时，容易产生发泄、找“出气筒”

等攻击行为。如恶声恶气、摔摔打打、怒目而视、破口大骂、动手打人等。这些攻击行为可能直接针对挫折的制造者，但当觉察出对方不能直接攻击而心中的恶气又要发泄时，常常找个“出气筒”。这“出气筒”可能是人，也可能是物。像《红楼梦》里晴雯撕扇子就是对宝玉责备情绪的发泄。

为什么有些人好发小脾气呢？原因无非是以下几个：

（1）没正经事做，闲得无聊而心绪不佳，或胸无大志，私心过重，遇事好斤斤计较。

（2）度量太小，或疑心过大。

（3）对他人要求过高，好挑剔，待己宽而责人严。

（4）工作或生活失意，遭受挫折时。

老发小脾气的人该问自己一句：我是不是太小心眼了？或者太无聊了？胸怀大目标，心想大事，天天有事做，就不会计较琐事而发小脾气了。所以奉劝您要加强修养，宽厚待人，变责人严为责己严，这样就不会看谁也不顺眼而发小脾气了。

凡事“无所谓”就不大容易发小脾气，即使有气也来得快，去得快。俗话说“糊涂也有糊涂福”，如果一个人执着地喜欢书画，那么他就是墨泼到画上也不会为此生气着急。我们提倡：人应糊涂一点，尽量少发小脾气。即使发脾气也应尽快宣泄，一定不要超过3分钟。

先掌控脾气，再掌控事情

芬妮是一个脾气暴躁，容易出现情绪波动的女孩，经常因为小事和别人吵架。她的人际关系因此愈来愈紧张，在公司经常与人发生矛盾，结果男友也难以忍受她的坏脾气，和她分手了。终于有一天，她觉得自己已经处于崩溃边缘。

她打电话向她的一个朋友詹森求救。詹森向她保证：“芬妮，我知道现在对你来说是有点糟，可是你只要经过适当的指引，一切就会好转。你现在要做的第一件事是让自己安静下来，好好地享受一下宁静的生活。”

听了詹森的话，芬妮开始试着放弃先前忙碌的生活，好好地放松一下自己，给自己休了一个长假。当她稳定了一段时间之后，詹森又建议道：“在你发脾气之前，不妨想想，究竟是哪一点触动了你？”

“你可以拥有两种思考，一种是让每件事情都在脑海里剧烈地翻搅，另一种则是顺其自然，让思想自己去决定。”说着，詹森拿出了两个烧杯，然后分别装了半杯清水，随后又拿出了两个塑料袋。芬妮打开来，发现里面分别是白色和蓝色的玻璃球。詹森说：“当你生气的时候，就把一颗蓝色的玻璃球放到左边的烧杯里；当你克制住自己的时候，就把一颗白色的玻璃球放到右边的烧杯里。最关键的是，现在，你该学会控制自己的情绪，如果你不试着控制自己的情绪，你会继续把你的生活搞得一团糟。”

此后的一段时间内，芬妮一直照着詹森的建议做。后来，在詹森的一次造访中，两人把两个杯中的玻璃球都捞了出来。他们同时发现，那个放蓝色玻璃球的烧杯里的水变成了蓝色。原来，这些蓝色玻璃球是詹森把水性蓝色涂料染到白色玻璃球上做成的，这些玻璃球放到水中后，蓝色染料溶解到水中，水就成了蓝色。詹森借机对芬妮说：“你看，原来的清水投入‘坏脾气’后，也被污染了。你的言语举止，是会感染别人的，就像玻璃球一样。当心情不好的时候，要控制自己。否则，坏脾气一旦投射到别人身上的时候，就会对别人造成伤害，再也不能回复到以前。所以一定要控制好自己的情绪。”

芬妮后来发现，当按照詹森的建议去做时，她真的不再那么混沌了，事情也容易理出头绪。在此之前，她的心里早已容不下任何不满、愤怒的情绪，一定要全部发泄出来，许多麻烦就是这样造成的。此后，芬妮开始有意地控制情绪。当詹森再次造访的时候，两个人又惊喜地发现，那个放白色玻璃球的烧杯竟然溢出水来！

看来芬妮对自己的克制成效不小。慢慢地，芬妮已学会把自己当成一个思想的旁观者，来看清自己的意念。一旦有了不好的想法就很快发现，情绪失控的时候就及时制止。这样持续了一年，她逐渐能够控制自己的情绪，生活也步入正轨，并重新得到了一位优秀男士的爱，美好在她的生活中渐渐展现。

如果你也有和芬妮一样的问题，你就得学着控制自己的情绪和脾气了。

不能控制脾气的人，往往给人一种不成熟或还没长大的印象。如果你仔细想想，只有小孩子才会说哭就哭，说笑就笑，说生气就生气。这种行为发生在小孩身上，大人会认为是天真烂漫，但如果发生在一个成年人身上，人们就不免会对这个人的人格发展产生怀疑了，就算不当你是神经病，至少也会认为你还没长大。谁能放心把重要的事务交给一个充满“孩子气”的人呢?

如果任凭情绪和脾气支配自己的行动，就会使自己成为感情的奴隶。一个人只有战胜自己的情绪，控制自己的脾气，才能拥有控制自己命运的能力。

与其抱怨，不如改变

季某是北京一所名牌大学的毕业生，能说会道，各方面的表现都不同凡响。他在一家私营企业工作两年了，虽然业绩很好，也为公司立下了汗马功劳，可就是得不到老板的提升。

季某心理有些不平衡，常常感叹老板没有眼力。一日，和同事喝酒时季某发起了感慨："想我自到公司以来，努力认真，试图在事业上有所成就。我为公司建立了那么多的客户，业绩也很不错。虽然兢兢业业，成就人所共知，但却没人重视，无人欣赏。"

世上没有不透风的墙，本来老板准备提升季某为业务部经理，得知季某之言，心里不是滋味，后来放弃了提升他。季某之所以得不到老板的提升，就在于他不了解老板的心理，而只是一味地从自己的利益出发，抱怨老板没有识人之"能"。

抱怨是无济于事的，只有通过努力才能改善处境。人往往就是在克服困难的过程中，形成了高尚的品格。相反，那些常常抱怨的人，终其一生，也无法形成高尚的品格，自然也就无法取得任何成就。我们不妨假想一下，你喜欢与那些抱怨不已的人为伍，还是与那些乐于助人、充满善意、值得信赖的人一起共事呢？哪一种同事更受欢迎呢？

有时候，在工作中，我们会碰到一些并非自己职责范围内的工作。只要我们站在公司的立场上，为公司着想，而不是置身事外，采取观望态度，那么，我们所做出的努力就会得到回报。在现实中，我们难免要遭遇挫折与不公正待遇。每当这时，有些人往往会产生不满，而不满通常会引起牢骚，希望以此引起更多人的同情，吸引别人的注意力。从心理角度上讲，这是一种正常的心理自卫行为。但这种自卫行为同时也是许多老板心中的痛，牢骚、抱怨会削弱员工的责任心，降低员工的工作积极性，这几乎是所有老板一致的看法。

抱怨的人很少会积极想办法去解决问题，也很少把主动独立完成工作看成自己的责任，却将诉苦和抱怨视为理所当然。一个人一旦被抱怨束缚，不尽心尽力，应付工作，那么在任何单位里都将自毁前程。中软国际副总裁林惠春先生说："抱怨是失败的一个借口，是逃避责任的理由。这样的人没有胸怀，很难担当大任。"

抱怨是没有意义的，最多只是一时的发泄，什么也得不到，甚至还会失去更多东西。聪明的做法是停止去计较过去的事，不要再对自己遭遇的不公正待遇而耿耿于怀。

一些人遇到困难的时候，总觉得如陷深渊而不能自拔，只有通过抱怨来平衡心态。然而，抱怨不能改变任何事情，只有艰苦努力才能够改善环境。

斗气不如斗志，生气不如争气

有一位大学毕业生，一心想到美国留学，学习美国的高新技术，以便将来更好地报效国家。

他通过了所有的出国考试，成绩都很优秀，也联系好了去美国的学校，只要给签证就可以出去了。但这位同学其貌不扬，性格又有些内向，每次去签证都被拒签。

当他最后一次去签证被拒签后，他的愤怒终于爆发了，他指着签证官的脸大声喊道："你们美国有什么好，老子还不去了，我在中国照样可以学到高新的技术！"

一向傲慢的美国签证官员被他的愤怒惊呆了，他在中国签证这么多年，还没有一个人敢指着他的脸大声说话。

美国佬也恼怒了，大声喊道："你为什么说我们美国不好？"

那位大学生回答道："一个以貌取人、拒绝人才进入的国家就是不好。"

签证官说道："我今天就给你签证，让你到美国去看一看，美国到底是好是坏。"

人若下决心争一口气，天必佑之。那位大学生正是在傲慢的美国人面前不低声下气，敢争一口气，结果降服了他，顺利地拿到了去美国的签证。

大多数国人，只会抱怨，只会生气，不敢争气，甚至连“在中国一样可以学到先进技术”这样充满自信的“争气话”都不敢说。

许多人间奇迹正是由一些受到排挤和打击后发誓“一定要争口气”的人所创造的。

美国劝业银行创立的根源，在于该银行总经理佛勒先生被他人激怒之后，决心争一口气给对方瞧瞧。

当初，佛勒与某大银行的一位经理见面时，偶然说起他想在长岛设立一家银行，若能如愿以偿，将来生意一定会发达，前途未可限量。

但是那位经理怎样回答他呢？他不但对于这个计划不作半点评论，而且露出十分轻蔑的样子说：

“好啊！只要你的命够长，也许有一天，你是可以在这里开一家银行的。”

说着，便起身告辞。

佛勒先生后来告诉别人说：“当时我听了他的冷言冷语，不觉燃起万丈怒火，这是什么话！”

“‘只要你的命够长’，这不是等于说我是一个庸碌无能、怠惰成性、专等机会的人吗？这不是等于讥讽我‘这辈子也开不了银行吗’？这样大的一个耻辱，岂是一个堂堂男子汉所能忍受？好，我立刻打定主意，尽快着手开设一家银行给他瞧瞧，而且非使我的银行营业额，超过他的记录不可。

“我真的这样做了，而且不到四年，我们银行的存款数额，果然已经超过他的一倍以上。”

佛勒先生得出一条人生经验：“生气不如争气，用努力来发泄胸中怨气。”

当你觉得所处环境各方面都不如意时，抱怨一下也可以，但不要没完没了地怨天尤人。你最应该做的是化怨气为争气，化脾气为志气。通过自己的努力和奋斗，做出一番事业，争一口气，让天看，让地看，更让小瞧过你的人看！

低调做人，高调做事

人一生中要依靠两件事来确立根基：一件是做人，一件是处世。而历览古今，纵观中外，最能保全自己、发展自己和成就自己的人生之道便是：高标处世，低调做人。

大凡高标处世者，其做人的基调都很低；大凡低调做人者，其处世的标准都相当高。越是低调做人者，往往越能成就大事；越是功成名就者，越是低调做人的典范。

日常工作中不难发现这样的情形：有人虽然思路敏捷，口若悬河，但他讲话别人都不愿意听，为什么？因为他恃才自傲，表现太狂妄，还时常发脾气，令人不舒服，因此别人很难接受他的观点和建议。这种人多数都是因为心高气傲，喜欢表现自己，总想让别人知道自己很有能力，处处想显示自己的优越感，从而能获得他人的敬佩和认可。但结果却失掉了在他人心中的威信。

在心理交往的世界里，那些低调而豁达的人总能赢得更多的朋友；相反，那些高看自己小看别人的人常引起别人的反感，最终在交往中使自己走到孤立无援的地步。明代学者吕坤在《呻吟语》中说："气忌盛，心忌满，才忌露。"他这是把心满气盛、卖弄才华视为做人的大忌。

英国大文豪萧伯纳出名后赢得了很多人的尊敬和仰慕，但是年轻时的他特别喜欢展露锋芒，说话也尖酸刻薄，谁要是跟他说话，便会有受到奚落之感。一天，一位老朋友私下对他说：“你出语幽默、风趣，但是大家都觉得，如果你不在场，他们会更快乐。因为他们比不上你，有你在，大家便不敢开口了。你的才干确实比他们略胜一筹，但这么一来，朋友将逐渐离开你。这对你又有什么益处呢？”

老朋友的话使萧伯纳如梦初醒，他感到如果不收敛锋芒，彻底改过，社会将不再接纳他，又何止是失去朋友呢？所以他立下誓言，从此以后，再也不讲尖酸的话了，要把天才发挥在文学上。这一转变不仅奠定了他后来在文坛上的地位，同时也广受各国读者的敬仰。

你要是比别人多一些本事，不一定要张扬着让他人知道，时间会证明一切的。低调做人，使你在与人共事时留下较大的回旋余地，是一种必要的自我保护，也是一种让人敬佩的内在气质。从另一个角度看，低调的人能得到别人的信赖。因为低调，别人才不会认为你对他构成威胁，你也会赢得别人的尊重，与之建立良好的关系。

少发些脾气，多长些本事

是人，多少有点脾气，但发脾气也要有限度，没有节制地随意发脾气，只会让事情越来越糟糕。

与其极力发脾气，不如努力增长本事。一个只有脾气没有本事的人，最终会一事无成。你的脾气必须要配得上你的本事。有本事才能成就一番事业。

如果你不愿意成为一个可有可无的三流角色，不想这一辈子无所成就，那么就要锤炼和增长你的本事。

不管你现在处于什么样的境地，不管你现在干什么，都要有志气、有胆量、有本事。如果你敢把手中的箭对准月亮，也许就会射中老鹰；如果敢把箭对准老鹰，也许就会射中兔子；但如果你什么也不敢射，就只能一无所获。本事决定前途，胆量成就事业。没有人喜欢一辈子平平庸庸，一辈子受人摆布。即使你的事业不能走到金字塔的最顶端，也不能停留在最底层，只要你敢想敢做，你就能不断地往高处走。

1926年，东京大学法律系毕业的大村文年，进入“三菱矿业”做了一名小职员。在公司为新人举行的欢迎会上，大村文年对一位与他同时进公司的同事说：“看着吧，我将来一定会成为这家公司的总经理！”三十年后，大村文年以出色的业绩超过众多资深的干部与同事，在毫无派系的背景下，当上“三菱矿业”的总经理。

1949年，一个24岁的美国年轻人，同样自信地走进美国通用汽车公司应聘会计。人事主管告诉他，目前只有一个财务空缺，不过那个职位非常辛苦，一个新手很难应付。年轻人听完后毫不在乎地说：“其实这算不了什么，它将是我未来工作的重要一部分。通用汽车公司会了解到我足以胜任所有职位的超人能力！”人事主管在聘用这位年轻人后，对他的秘书说：“这小子不简单，我可能刚刚雇用了通用汽车公司未来的董事长！”想来这位人事主管看人是比较准的，这个年轻人就是自1981年起担任通用汽车董事长的罗杰·史密斯。罗杰·史密斯在通用公司的第一位朋友韦斯特回忆说：“上班一个月后，罗杰一本正经地告诉我，他的奋斗目标就是成为通用汽车的总裁！”

你不能只知道发脾气，抱怨现实的不公，责怪上天不给你机会，重要的是你要有本事，要化脾气为本事。

只要你本事足够大，敢想敢干，就会想尽一切办法，发掘潜在的优势，将梦想照进现实。

只要你本事足够大，敢闯敢拼，无论生存在什么地方，都能够以睿智的点子将想法转化为行动，闯出一番事业。

让你的本事大过你的脾气

发脾气不能改变不如意的境况，只能显示自己的无能。与其发脾气，不如努力提升自己的优势，增强自己的本事，提高自己的社会竞争力。

在美国耶鲁大学的入学典礼上，校长每年都要向全体师生特别介绍一位新生。一次，校长隆重推出的是一位自称会做苹果饼的女同学。大家都感到奇怪：怎么只推荐一个特长是做苹果饼的人呢？最后校长自己揭开了谜底。原来，每年的新生都要填写自己的特长，而几乎所有的同学都选择诸如运动、音乐、绘画等，从来没有人以擅长做苹果饼为卖点。因此，这位同学便脱颖而出。

想要实现自己的愿望，显示自己的价值，就要始终注意提升自己的分量，提高自己的优势，增强自己的本事。让自己比别人强一点，才能赢得别人的肯定。有一位企业家这样说过：当你比别人强一点点时，别人会嫉妒你；当你比别人强一截时，别人就会羡慕你；当你比别人强一大段时，别人就会向你看齐，好比微软这样一流的企业一样，每一项举措后来都被奉为业界的标准。这充分说明，如果你想拥有核心竞争力，就要超出别人很多，或者，你能够持续比别人强一点点。

那么，如何持续保持优势，提升自己的本事，从而增强自己的人生竞争力呢？

首先，必须养成一个良好的做人、做事和生活的习惯。

经研究表明：当某件事有效重复21次时，就会成为习惯，210次有效重复就会成为专业，2100次有效重复就会成为专家。因为，专家才能为别人解决问题，才会在同行竞争中，凸显差异化，才能拔得头筹。而这些与良好习惯的养成密不可分，毕竟技能在一定程度上，可以速成，但习惯却需要长期细节的积累和孕育。纵观古今中外成功人士，无不有着良好的行为习惯。

其次，必须注重品德素养的自我修炼。

如果说有了好的习惯就是成功的开始，那么个人品质的优劣，就决定了他是否能出人头地，是否能为社会创造价值，决定了他的人生是否有意义。倘若一个人技能很强，但是品德很差，也许他对社会的破坏力远远大于对社会的贡献。所以应该不断地审视自我，加强自我行为的约束。该做什么，不该做什么，都要清清楚楚。唯有如此，才能不断实现自我超越。实际上，只有那些具备“专业+职业+敬业+品质”的人，才能在社会这个竞技场上胜出，而其中的品德修养更是具有决定意义的关键因素。

再次，必须不断充实自我，加强学习。

在这个变化纷繁的时代，只有不断自我学习，不断增加自我内存，才能在职场中提升综合素质和增强自我免疫力，并立于不败之地。

不要抱怨，不要愤愤不平，更不要生气发脾气，不管你目前担任什么样的角色，知道自己的优势对成功很重要。每个人都有他自己尚未发现的内在优势，你也有！

第三章

心情处理好，做事效率高

好心情带来高效率

心情状态影响做事状态。心情不好的时候，思想和精力就会分散，事情自然也难以做好。因此，做事前先要将心情调整到好，以良好的心情对待和处理每一件事情。

有的人在处理工作时，经常觉得既然开始做了，就要“贯彻始终”，否则就不够善始善终。其实这是要依情况而定的。如果你一直对这件事情很有兴趣，自然不会中途而废，不过如果你一开始做时就觉得心烦气躁，那你就应该考虑换另一件“重要且该做”的事做，通过调节心情来调整进度。

有一个美国朋友，看书的时候从来不固定在同一个地方，有时在书房，有时阳光比较好就在日光浴室或是在后院的凉棚架下、附近的公园里，甚至开车到海边咖啡馆去读书。但他绝不在学校餐厅或图书馆读书，因为他不喜欢那种气氛。他这样说：“餐厅里人多又吵，还会经常碰到朋友。图书馆给我的感觉是睡觉的地方，太安静了，我一进去就开始神志不清，怎么能专心读书？”

由此可见，好心情可以带来高效率。那么就去尝试找寻自己的好心情。

试着把你所要做的事列在一张表上，当你一件事做不下去时，可以从表上找出下一件要做的事，先去做它，完成之后再回去做原先的事情。如果你觉得没有一件事可以静下心去做的话，你大概需要放个假调整一下了。

再就是把四周的工作环境重新布置一下，增加一点新鲜感，就会有搬新家的心情。或者也可以把平日一成不变的工作时刻表改动一下。比如，把午餐时间推迟一小时，这样就可以不必和大家挤破头地抢饭吃；而且这一个小时也是办公室最安静的时候，没有电话也没有客户等你谈话，可以安安静静地做自己想做的工作。

如果一件事情已不能引起你的兴趣，但你又必须在有限的时间内完成它，这时候，你必须先让烦躁的心情平静下来，想想事情完成后的好处，你所要达到的真正的目标是什么，并想象目标达成时的喜悦，然后你再重新正视问题，开始行动（这点很重要，你不能一直带着一脸的傻笑不做事），用平和的心情做完它。慢慢地你会发现，心情变好了，做事效率也不知不觉地提高了。

好心情是做事的“发电机”

英国首相帕麦斯顿在年轻时做过小吏，由于工作过分紧张，精神失调，身体十分虚弱，虽然长期药物治疗，仍无起色。

后来，一位医生对他进行了一番仔细的检查后，开了一个奇特的药方：“一个小丑进城，胜过一打医生。”机智的帕麦斯顿对此反复推敲玩味，终于明白了其中的“天机”。

从此以后，他经常抽空去看各种滑稽戏、马戏和喜剧——经常高兴地大笑。愉快的心境使他恢复了健康，又开始新的学习和工作，以致后来登上了英国首相的宝座。

在我国古代也记载了关于笑的故事。其中一个讲道：

从前，有一位知府大人患了一种奇怪的病，茶饭不思，浑身无力，打不起精神，曾遍请名医诊治，仍不见效。患者怀疑自己得了不治之症，更是愁上加愁。

一天，有位郎中听说此事后，略一思索，心头一亮，便有了计较，他来到知府面前，经过“望、闻、问、切”之后，便开了一剂药方，用信袋封严后，庄重地递到知府手上，严肃地提示道：“请大人每天清晨起床后看一遍方即可，不须煎药，一周后即可见效。”

知府大人按照郎中的要求，每天清晨看一遍处方，看过后每天都不时地开怀大笑，一周后果然康复。请你猜猜看：那个处方上写的究竟是什么？

如果你心情经常不好，并因此影响到了你的工作和学习，为何不设法让自己笑一笑呢？这是一种天赐的良药，十分有效，与生俱来，用之不竭，且不费分文，何不一试！

如果你早上起来心情就好的话，尽管工作繁重、生活琐碎，这一天也会过得很开心。反之，如果情绪不佳，即使再有趣的事情，他也会觉得无聊透顶。

生活中，我们讲话要有力、看事情要远，以无比的决心去追求期望的目标。可千万别心情烦恼，老想着郁闷的事情，那样不仅会生活得很乏味，人生也必然会变得贫瘠，浑浑噩噩，一事无成。

要拥有心想事成的如意人生，首先就要拥有开朗豁达的好心情。要处理好接踵而至的繁杂事情，就要先处理好自己的心情。好心情就像“发电机”，它可以源源不断地输送快乐，输送能量，让人们满怀信心地过好每一天，精力充沛地处理好每一件事。

兴趣是做事的催化剂

很多人忙忙碌碌地过了一辈子，却从来都不曾在做事的过程中获得乐趣。他们总认为是迫不得已才做这件事情。更有人甚至认为是为了赚钱才做着某种工作，他们不清楚自己到底要得到的是什么。

要保持高效率的做事水准，最重要的一点就是学会怎样在做事的过程中寻找乐趣。首先，你必须要找到适合你自己个性及兴趣的事情来做。就像让一个不爱讲话的人去做老师或推销员，可能会害他咬破舌头；而让一个脑筋灵活的人去做千篇一律、一成不变的录入员，用不了3个月他就要“发狂”了！

将自己的兴趣和事情连结在一起，是个好的开始。天才的秘密就在于强烈的兴趣和爱好及由此产生的无限热情。

兴趣是做事的重要动力。瑞士著名心理学家皮亚杰说：“所有智力方面的工作都要依赖于兴趣。”有人研究过，如果一个人对自己做的事情有兴趣，积极性就高，就能发挥出他全部才能的80%～90%；如果一个人对自己做的事情没有兴趣，积极性就低，只能发挥他全部才能的20%～30%。难怪德国伟大作家歌德这样说：“如果工作是一种乐趣，人生就是天堂。”

因此，你要根据自己的兴趣来选择工作。当找到适合自己的工作后，接着就要思考：自己人生的大目标是什么，为什么要做这份工作，自己想从中获得的又是什么。寻找工作的意义，也就是寻找一种生活的信念。信念明确，心情也就随之明朗了。

有了好心情效率也就上去了。有些人很清楚自己想要的是什么，例如，有人为了累积经验而选择这份工作，因而“学习”是他的主要目标。当一心想要做成一件事时，你做起事来就会很快，效率就会很高。

做事有兴致，效率自然高

励志大师卡耐基曾经说：“对自己的工作感兴趣，可以将你的思想从忧虑中移开，最后，还可能带来晋升和加薪。即使不能这样，也可以把疲乏减至最低，并帮助你享受自己的闲暇时光。”

兴趣是最好的老师，快乐的秘诀就是要做自己喜欢做的事。做自己喜欢做的事，能够让自己充满热情，使自己更加充实，增进整体生命的品质。只有饱含热情、心情愉快地做事，才不会有疲惫感，才会乐此不疲。

但当你全神贯注于自己喜欢的事情时，你会感到那是在享受，而不是在受苦。如果能够对自己做的事保持热忱的态度，能够微笑面对自己从事的一切，那工作和休闲还有什么区别呢?

爱迪生长期没日没夜地在实验室里从事研究发明，有人问他天天这样累不累，谁知他颇为惊讶地说：“我这辈子一天都没有工作过！”

“压力之父”塞叶博士曾经说，尽管他每天从早晨五点工作到深夜，但他认为自己这辈子从未做过一件事情，自己整天都在“游玩”。因为对他而言，从事自己喜欢的研究就是游戏。

做自己真正喜爱的事情就会感到快乐。一个人如果有一份投合兴趣的、可以让他全心投入的职业，他生命中的力量便可找到充分的出口发挥作用。这样的人是幸福的。

兴趣不仅可以让人感到做事的快乐，减轻疲惫感，同时也是事业成功的助推剂。人生的快乐莫过于事业上取得成就，而最大的快乐莫过于在自己喜欢的职业上取得成就。当一个人为自己感兴趣的事情付出而不顾一切时，他获得成功的机会就更大。没有听说过一个人在自己不喜欢的领域做出什么惊天动地的成绩的。

小爱好成就大作为

一位拉丁作家这样描述过“机会女神”的样子：机会女神的前额上长着头发，但她的后脑没有头发。如果你能够抓住她前额上的头发，你就能够抓住她。然而，如果被她挣脱逃走的话，即使万神之王宙斯也无法将她捉住。所以，要想抓住“机会女神”，必须注意生活中的每一个细节，要从身边的小事做起，特别是自己喜欢的事情，这可能就是“机会女神”的藏身所在。

列宁曾经说过：“要成就一件大事业，必须从小事做起。”小事情往往具有大价值，往往能让人成就一番事业，如果对小事情不屑一顾，没有一点自己的小爱好，那碰到大事情又怎能应付得了呢？正所谓：“一屋不扫，何以扫天下？”

美国前总统富兰克林·罗斯福即使在战争最艰苦的年代里，仍然坚持每天抽出一点时间来从事自己的小爱好——集邮。做自己喜欢做的事，可以让他忘记周围的一切烦心事，让心情彻底放松，让大脑重新清醒起来。

小爱好不但可以愉悦身心，放松心情，而且还有延年益寿之功。有人做过这样的研究，他们试图找到长寿老人的共同特点。他们研究了食物、运动、观念等多方面因素对健康的影响，结果令人惊讶，长寿老人们在饮食和运动方面几乎没有共同的特点，但有一点却是共同的，即他们都有自己的小爱好，并且把这作为自己的人生目标而为之奋斗，这是他们的精神寄托。

所以，无论你对生活多么不满，一定要有人生目标，要有点爱好，有点精神食粮，因为它能使你看清人生的使命，能让你找到心灵家园。

乐在其中，做自己喜欢的事

人一生要经历的事情太多了，但是俗语有云“一失足成千古恨”，那就是告诫我们做事的时候要小心，该做的事情才做，不该做的事情就不要去勉强了。

做好自己该做的事，才是人生的真谛。只有做好自己该做的事，人活着才有价值，这样的人生才是幸福的人生；只要做好了自己该做的事，人活着就有意义。

每个人都只有短短的一生，如果你的选择是错误的，那么你要为自己的选择付出很大的代价，后来的修正也很不容易。所以，我们要聪明地学会挑选，把不应该做的事情早一些抛弃掉。

马云在谈自己做事策略的时候，说战略的根本问题不是简单地说你想做什么、你能做什么；而是你该做什么，你用什么来驱动。战略就是对很多机会说不，做你想做的事、想你该做的事，就这么简单。

比如小型网络公司，就不要去做大网站做的事情。不要去模仿大网站，应该去做大网站做不了的事情。做你最喜欢做的事情，做你最能做的事情，要成为大网络公司的补充部分。千万不要挑战大的网络公司。对创业者创业公司而言，只要有光芒的地方就可以走过去，做最愿意做、最想做、最容易做的公司，这样你就会有信心。

在为自己目标奋斗的过程中，一定要选择自己该做的事情，并且全力以赴，这样就可以达到最后的目的。

做好自己的事情，挑选那些该做的，在你的工作和生活之间找准平衡点，把事业的发展作为家庭发展的基础，而家庭的稳定又是事业发展的前提，这样家庭事业两不误，何乐而不为。

做自己喜欢的事情，就会充分调动自己的热情，发掘自己的潜能，让自己始终以愉快的心情专注自己的事情，从而将事情做得更到位、更完善。

一个人如果做一件自己不喜欢、不愿意做的事情，那么他就不会有好心情对待这件事，事情也就无法做好。只有做自己该做的事，才能从心所欲，才能激发内心的能量，才能将事情做好。

正如迪士尼公司创始人华特·迪斯尼所说："一个人除非做自己喜欢的事，否则就很难有所成就，要想快乐也就更难。"

聪明的你，是不是选对了你该做的事情呢?

心无旁骛，专心做好一件事

相信每个人都有这样的经验：当你面临生活上一些比较严重的问题或是挫折时，你会心烦意乱，觉得满脑子都“乱哄哄”的，无法集中精神，甚至你可能在办公桌前发一早上的呆而大脑还不曾转过弯来，也做不出原本10分钟就可以完成的工作。

人一般都是需要一个宁静的心境来专心做事的。“不专心”是效率的大敌。

世界500强，都有一个规律：只做一件事，做好一件事。物流类第一名是UPS公司，它发展到今天也只做了一件事——用最快的速度把包裹送到客户手中。只做了一件事，UPS就把业务做到了全世界。零售业的“老大”——沃尔玛自始至终只做零售；通用汽车公司，一百多年来，也是只做汽车及汽车配件。很多著名的大企业、大集团，都是集中所有力量，先取得一个行业的垄断和领先地位，再不断地做科研，使自己的技术无法被同行业的竞争者所超越，从而取得超额利润。

这些现实案例告诉我们：只有心思专一，集中精力，才能更容易做好事情。

“心思专一”这四个字看上去非常普通，却是做好事情，由平凡变为不平凡的卓越法则。

人的生命和精力都是有限的，但是人生发展的可能性是无限的，所以要清醒地告诫自己：不要因外面的环境影响自己的心情，更不要分散自己的心思和精力，做消耗式的努力。不能三心二意，心思散漫，事情都只做一半，就心生厌烦而放弃；也不应该没有规划，看到什么条件有利，就去追逐，最终什么都做不好。

掌握这个原则，就能带领自己离开被困难深陷的泥沼，从一个局部的胜利到另一个局部的胜利，最终完成全面的胜利。

不过说得简单，要真正做起来又好像不是那么容易！你可以这样做试试：先从简单的事情开始，或者先从自己感兴趣的事情着手。当你觉得心情平静了之后，也不会去想那些令人烦恼的事时，就可以开始着手处理比较困难的事务了。这样你的效率还会不高吗？

心情简单，就没有复杂的事情

《唐·吉诃德》里有一个片段：桑丘问表弟说世界上第一个翻跟头的是谁？表弟回答说这个问题我一时回答不上，等我以后回书房去翻翻书，考证一番，下次见面，再把答案告诉你吧。桑丘过了一会儿对他说，刚刚问的这个问题，我现在已经想到答案了：世界上第一个翻跟斗的是魔鬼，因为他从天上摔下来，就一直翻着跟斗，跌到了地狱。

看到这里你也许会忍俊不禁，原因是桑丘的回答非常简单，但它也包含着一种极其朴素的智慧，正如他的主人表扬他说，桑丘，你说出来的话，往往超过你的智慧呢。有些人煞费苦心，进行考证，但得出的结论往往既不能增长见识，也不能增添常识，真是毫无意义。

其实生活、学习、工作中的很多事情都很简单，大可不必费九牛二虎之力去伤透脑筋，人生、爱情、理想也是如此，很多时候都只是相当于一年级的数学，或者与根本就没有上过学、一字不识的人看待鸡兔同笼这一问题时的思维一样——打开笼子数数不就知道了？干吗费那么大力气列那么多方程式来计算！更重要的是为什么把鸡和兔子关在同一个笼子里呢——只不过有的时候人们走了太多太远太辛苦的路，却意识不到有些路是根本就不必走的。有些人看到别人走，自己也就拼命地赶路，认为在走了很多辛苦路之后就会有天堂，可是谁知道天堂就在他原来所在的地方，就在他一路行走的过程中，或者根本就没有什么天堂。

可见世界上没有复杂的事情，只有复杂的心灵和黑洞般没有边际、不知深浅的欲望。这就像一棵树，细看来是许多的枝，再看是无数的叶，再看是数不清的细胞。其实，它只是一棵树而已。一切问题都是可以化为简单的，正如计算机里所有问题都只有两个答案：是或者不是。

就目前的潮流来看，无论是人际关系、社会结构或家庭关系，都同样有复杂化的趋势。然而，再复杂的事情都可以找到简单的方法来处理。前提是我们要内心简单，用简化的公式来处理这些关系。所以用"简单"的态度来处理事务，不仅能得到事半功倍的效果，同时也能将生活带入一种节奏明快的韵律之中。

一流的心情做一流的事情

美国管理大师沃伦·本尼斯说过："纯管理人也许能把事情做对，但是真正的领导人重视的是做正确的事情。"现代人的一大问题是开始太随意，注意力分散，分不清轻重缓急，也不善于区分大小。如果碰巧能力又强，即使错误的事情也能做得很好，不利的局面也多能被扭转，但这样就会无谓地耗费很多的时间和感情。

"最聪明的人是那些对无足轻重的事情无动于衷的人，但他们对那些较重要的事务却总是做不到无动于衷。那些太专注于小事的人通常会变得对大事无能。"抓住大事，小事自会得到妥善解决。

许多人整天忙着处理琐碎的事情，总是抱怨腾不出时间做正经事。其实他们的潜意识在逃避做正经事。因为做大事是需要想像力、判断力、勇气和自信的。

美国心理学家威廉·詹姆斯说过："明智的艺术就是清醒地知道该忽略什么样的艺术。"不要被不重要的人和事过多打扰，因为成功的秘诀就是专心抓住目标不放。

武侠小说大师温瑞安说过："真正高手会把精、气、神集中于一击。"而在生活中，集中精力更是一种明智之举。因为在一定时期内，一个人的资源和能量是有限的，你无法同时做好数件同等重要、难度又都很大的事情。而琐事也同样会占据你的空间，消磨你的意志。

世界的开放性和信息量的倍增，给集体选择和个人的发展提供了机会，但也带来了大量的精神涣散和疲劳。选择就像是一条河流，它变得越宽，就有越多的人淹死在里面。人们需要越来越强的游泳技巧，需要游向正确的方向，因为你不可能就这么游下去。

做了不值得做的事，有时会让你误以为自己完成了某些事情。你消耗了大量时间和精力，得到的可能仅仅是一丝自我安慰和虚幻的满足感。当梦醒后，你会发现该做的事一件都没有做，而自己却已疲惫不堪，心情郁闷。

“一项活动的单纯规律性会逐渐演变成为必然性。”一段时间之后，人们会说：“我们不应该让它消失，我们已经做了这么久。”这就像有的人明明不喜欢自己的恋人，却还要在一起，因为在一起很久了，习惯让人不愿意再作别的选择。但最终，一个人要为自己做了不值得做的事付出代价，这件事情越大，代价就越大。

做事的效果经常取决于你的心情。要想顺利地做好事情，就要将自己的心情调整到最佳状态。一流的心情做一流的事，专注于心中的目标，始终保持愉快的心情，那么做起事来就会事半功倍，快速高效。

心悦事顺——有效率的乐观主义

古时候有这样一个笑话：一人从集市上买回一罐油，由于急着赶路，不幸罐索朽腐，油罐坠地摔碎，他头也不回地继续前行。路人提醒他："你看你的油罐碎了。"他回答说："已经碎了，看有什么用，只能耽误走路。"这大概就是人们常常想到、常常念着的"乐观主义"了。

人生总会碰到阻挡你走向成功的恶魔的。一个人的目的愈远，计划愈大，他的工作所经过的途径也愈远；在前进的时候，有许多愁虑、困难、穷苦、失望，都是当然要碰到的恶魔。乐观主义的人，就像这个拎油罐的人一样，是不怕这些恶魔的摧残的，反而会振起精神，抱着希望，向前赶去！因为他们知道，倘被恶魔所屈服，便灭亡了；只有抱着乐观主义的态度，才能战胜恶魔，取得胜利！

凡是要做得好的事情，都不是随随便便就能成功的，都不是容易的。你自己要立于什么地位？要达到什么地步？情愿付什么代价？你所希望的地位或地步总在那里，不过必须先付足了代价，才能"如愿以偿"。成功的一条路上，有许多小失败排列着，最后的成功是在能用坚毅的精神，伶俐的眼光，从这许多小失败里面寻出教训，尽量地利用它，向前猛进。而这种"寻出"

和“尽量地利用”，唯有抱乐观主义的人才能够办到。

有许多人，对乐观主义有一种误解，以为乐观主义的人不过是“嘻皮笑脸”“随随便便”“一切放任”“得过且过”“唯唯诺诺”。请君切莫误信这种谬说。真正的乐观主义者是用积极的精神向前奋斗的人，是战胜愁虑穷苦的人。这类的苦境，常人遇着，要“心胆俱碎”“一蹶而不能复振”的；只有真正乐观主义的人才能努力奋斗，才敢努力奋斗！所以讲到乐观主义还不够，要有“有效率的乐观主义”才行。

古今中外，因为有极强烈而有效的乐观主义，战胜各种艰难险阻取得事业胜利的大有人在。牛顿发现万有引力学说的时候，全世界人反对他；哈维发明血液循环学说的时候，全世界人反对他；达尔文宣布进化论的时候，全世界人反对他；贝尔第一次造电话的时候，全世界人讥笑他；莱特刚开始埋头于制造飞机的时候，全世界人讥笑他；孙中山先生，最初在南洋演讲革命救国理论的时候，有一次听的人只有三个。这些伟人都因抱着乐观主义的精神，最终成就了丰功伟业，而为世人所称道。

极强烈而有效的乐观主义，能使人们战胜全世界的糊涂、盲从、冷酷、恐怖、怨恨和反抗。而且工作愈伟大，所受的反抗也愈厉害，简直成为一种律令，对付这种厉害的反抗，最重要的武器就是乐观主义。一个人，缺少了乐观主义精神，难免在各种恶魔面前败下阵来。

你想使自己的事业取得成功么？那就请你拿起乐观主义这一降魔镇妖的法宝吧！

第四章

玩得转心情，玩得转职场

别带着情绪去工作

庞女士在公司工作了15年，当了12年的部门主管，因为性别因素无法再升迁。刚开始她不平，曾经是升迁最快、最年轻的女主管，眼见资历浅的同事一个个超过你，你气不气？

“但当我转个念头想，12年前我就能与男性一较高下，这12年来没被降职，专业能力仍受到肯定，有什么好气的？”庞女士认为：“情绪不会无故找上门，多是自己将坏情绪揽在身上。”

在职场中，人与人之间难免为了工作发生矛盾和争吵，产生怨气和怒气。经常情绪焦虑的人伤人又伤己，不仅影响人际关系，也影响身心健康。

我们到公司上班，是去工作的，不是排泄内心不满情绪的。即使有让你不满的理由，也要平衡心态，积极化解，不要让情绪影响了工作的质量和工作的业绩。

下面是一些化解办公室情绪的小办法。

1. 控制意念，回避矛盾

在发火时，心中念念有词：别生气，别跟他一般见识，有什么天大的事要发这么大的火呢。

如果与同事刚发生了激烈的争吵，大家都在气头上，容易引起进一步的争吵，最好暂时回避他，这样可以做到眼不见心不烦，怒气自消。

2. 思想转移，文字排遣

如果始终想着不高兴的事情，会越想心理越不平衡，越想越难过。相反，如果通过其他途径有意识地转移自己的思想，做一些自己喜欢的事情，比如：逗孩子玩，去商场购物，就可以转移大脑的兴奋点，让情绪在不知不觉中消失。

3. 主动释放，提高修养

把心中的不快找你的好朋友或亲人诉说一番，亲朋好友的理解和关心让你如沐春风，化解了心中的不良情绪，而你的不良情绪也不会传染给他人。

平时多做一些提高修养的事，种种花草，养养鱼，学学书法，练练画，为人会变得谦和有礼，不容易暴躁和动怒。

4. 积极沟通，自我超脱法

当争吵双方都心平气和的时候，利用午休时间聊聊天，谈谈各自的爱好，或许你会发现你们之间并没有什么重大的“阶级”仇恨。另一方面，大家都是为了工作，不要把工作中的矛盾延续到生活之中。

自己提出的工作方案，可能会遭到半数以上的人反对，包括上司和同事。也许是对你期望值太高，也许是认为你工作能力差，这都是正常的现象，不必忧虑和生气。

喜怒皆形于色的人会令人反感，甚至容易被他人操纵。所以，职场上要善于把喜怒哀乐隐藏起来，能够驾驭情绪，不被情绪所左右，才是成熟和理智的。

带着一份好心情去“上阵”

一个人如果对工作感到厌恶，对工作没有热忱，觉得工作是一种苦役，那么他一定不会有所成就。

有一个故事，说的是3位砌砖工人的工作态度。

有人问：“你们在做什么？”第一位工人回答：“砌砖。”第二位工人回答：“我在做每天赚10美元的工作。”第三位工人则回答：“你问我？我在建造世界上最伟大的教堂！”

这个故事虽然没有告诉我们这3位工人的结局，但我们能猜出在以后的岁月里，他们会有什么样的变化。很可能，头两位工人仍然是砌砖工，他们缺乏远见和想象力，他们缺乏对工作的尊重。没有什么能推动他们去获得更大的成功。

那位认为自己是在建造一座世界上最伟大的教堂的工人，不会仍然是一名砌砖工，或许他会成为一个工头或承包人，或是一位建筑师。他会不断地前进并得到升迁。

卡耐基说：“如果一个人不能从工作中找出乐趣，那不是工作本身枯燥的缘故，而是他自己不懂得工作的艺术。”

这真是一句至理名言：一个人对于工作感到没有兴趣或苦闷，都是由于他自己的缘故，并不是工作本身所造成的。

麻木而呆滞地工作只能使自己的工作效率低下，渐渐地你会感到厌倦，最后只能被淘汰。

你的工作是愉快或是苦闷，完全操纵在你的手里，任你选择。利用愉快的心情应付繁重的工作，能使你的工作产生惊人的效果。紧紧抓住每一次机会，带着愉快的心情去“上阵”，看看你是否有取胜的能力。

用充满激情的心态去对待自己的工作，就可正确控制手中的时间，创造出不同凡响的效果。

在“最佳状态”中工作

不是每个人都了解，精神状态是如何影响工作的，但是我们都知道没有人愿意跟一个整天提不起精神的人打交道，没有哪一个老板愿意提拔一个精神萎靡不振、牢骚满腹的员工。

当记者采访微软的招聘官员时，他说：“从人力资源的角度讲，我们愿意招的‘微软人’，他首先应是一个非常有激情的人：对公司有激情，对技术有激情，对工作有激情。他可能给你带来许多意想不到的成果。”

刚刚进入公司的年轻人，自觉工作经验缺乏，为了弥补不足，常常早来晚走，斗志昂扬，就算是忙得没时间吃中饭，依然很开心，因为工作有挑战性，感受也是全新的。

其实很多年轻人在初入职场时都经历过这种工作时激情四射的状态。可是，这份激情来自对工作的新鲜感，以及对工作中不可预见问题的征服感；一旦新鲜感消失，工作驾轻就熟，激情也往往随之湮灭。不知何时，一切开始变得平平淡淡，过去充满创意的想法消失了，每天的工作变成了应付了事。既厌倦又无奈，又很茫然，也不清楚究竟怎样才能找回曾经的激情。在老板眼中你也由一个前途无量的员工变成了一个仅仅比较称职的员工。

保证你工作激情的有效方法是保持对工作的新鲜感。可是保持新鲜感却不是件容易的事。不管什么工作都有从开始接触到全面熟悉的过程。要想保持对工作恒久的新鲜感，首先必须改变只把工作当成谋生手段的观念，要把自己的事业、成功和目前的工作连接起来；其次，保持长久激情的秘诀，就是给自己不断树立新的目标，挖掘新鲜感；把曾经的梦想拣起来，找机会实现它；审视自己的工作，看看有哪些事情一直拖着没有处理，然后把它做完……在你解决了一个又一个问题后，自然就产生了一些小小的成就感，这种新鲜的感觉就是让激情每天都陪伴自己的最佳良药。

在职场中，要让自己变得积极起来，让自己每天都在“最佳状态”中工作。要想变得积极起来完全取决于你自己。在充满竞争的职场里，在以成败论英雄的工作中，谁能自始至终陪伴你，鼓励你，帮助你呢？不是老板，不是同事，不是下属，也不是朋友，他们都不能做到这一点。唯有你自己才能激励自己更好地迎接每一次挑战。

所以，在工作时要神情专注，走路时要昂首挺胸，与人交谈时面带微笑……会让老板觉得你是一个值得信赖的人。愈是疲倦的时候，就愈穿着整洁、愈有精神，不要让人看出你的一丝倦容。如果是女性的话，不妨化个全妆，这样做会给他人带来积极的影响。

总之，每天精神饱满地去迎接工作的挑战，以最佳的精神状态去发挥自己的才能，就能充分发掘自己的潜能。你的内心同时也会变化，变得越发有信心，你的价值也越发得到别人的认可。

心情急救，拯救职场“工作狂”

在我们周围，不难遇到这样的人，他们每天工作超过十小时，脑子里从来没有周末、节假日的概念；他们基本不会有上下班的界限，家是一个有床的办公地点，而办公室则随时可以成为加班时躺倒睡觉的“家”；偶尔陪家人朋友散心逛街，他们也多半是人在心不在，脑子里念念不忘的还是工作……对于工作，他们可以说是已经到了一种痴迷状态，一旦离开了工作，就会精神不振，毫无生气，陷入无所事事的状态，他们是“工作狂”。

观察身边的工作狂，大概有几种不同原因：

（1）真正热爱工作或金钱，不以为苦，反以为乐，乐此不疲，激情不减。

（2）没有营造起真正属于自己的生活。这样的人，或者因为客观原因两地分居，家人不在身边，或者缺少与工作彻底无关只为愉悦身心的兴趣爱好，生活单调乏味，只有同事没有朋友，不得不从工作中寻找乐趣。

（3）把工作当做逃避手段。这样的人，可能在生活中有某种苦恼、不满或自卑，为了逃避或者忘却这些令人伤神的事，只好疯狂地投入工作，他们只有在忘我工作时才能体会到自信和快感。刚刚失恋的人也很容易成为这样的工作狂。

有工作狂症状的人，可以采用以下方法进行调适。

1. 调整心态

金钱、权力、荣誉，等等，这一类的成功永远没有止境，而你的时间、精力、健康、生命，却都是有限的。事业的成功无法替代家庭生活对人的价值。多与家人、朋友、同事交流，必要时还可以寻求心理咨询师的帮助。工作中，多加强自身时间管理能力、项目管理能力的培养，组建高效的团队，通过合理的分工和授权，提高整个团队的工作效率，让自己能从工作中逐步“解套”。

2. 有意识地减轻自己的工作压力并强迫自己减少工作量

患者不妨为自己制定一份工作日程表，将自己现时的所有工作项目和工作时间一一写明，然后考虑哪些可以完全放弃，或至少暂时放弃，哪些可交由他人或与他人合作完成，并由此进行自己的工作分配，同时注重提高工作效率。

3. 请家人监督

在制定的工作日程表达到一定作用之后，可以制定一份新的日程表，并请家人或同事予以监督，尽力予以执行。

4. 培养业余爱好

患者不妨培养一些与工作不搭界的业余爱好，丰富自己的业余生活，使自己的注意力在非工作时间转移到其他事情上。在心情不快、痛苦不解时，可以到环境优美的公园或视野开阔的地带漫步散心。

如果条件许可，还可以作短途旅游，寄情于山水，这样也能够忘却烦忧，放松心情。

缓解心压，且与压力舞一回

现代社会，竞争日益加大，无论从事何种职业的工作人员均觉得工作压力在不断地加大，很多职场人面对工作压力苦不堪言。过重的工作压力会令人疲惫不堪，觉得精力耗竭，进而影响到工作质量，影响到生活状况。

研究压力对人类身心影响最有名的加拿大医学教授赛勒博士曾说：“压力是人生的香料。”他提醒我们，不要认为压力只有不良影响，而应转换认知和情绪，多去开发压力的有利影响，本来人类在其一生中，就是无法摆脱压力。若不能正确对待压力，无法和平相存，则可能导致各种身体与精神疾病，天天受到压力的折磨，不仅对自己、对工作造成伤害，同时也导致企业生产力和竞争力下降。

现代社会是一个充满压力的社会。每个人都在压力中生存，差别仅是压力的大小和对压力的反应而已。压力可以说是与我们相伴一生，如果不能和压力好好相处，压力就会成为我们人生成功的绊脚石，让我们疲惫或失望，失去工作和生活的兴趣。

既然无法逃避压力，我们就要学习与压力友好共处。

首先，应该学会缓解压力，最有效的方法就是在你面前摆一把椅子，想像给你带来压力的一方就坐在椅子里。然后对着

“他”说出你长期以来的想法和感受。在对方不在场的情况下讲出你的愤怒，这样可以释放被压抑的能量，使你思维变得清楚，排解心中的毒素。

其次，还应该学会控制自身对压力的反应，增加心理的承受能力，减少外界压力带来的伤害。如果因某种自身不可改变的事物给自己造成压力，上述方法是减轻伤害的最好途径。

应根据自身的条件和现实的环境，制定切实可行的人生目标。一个好的目标会使人奋发努力，积极进取，并体验到成功的喜悦；反之，如果目标脱离现实，完全没有实现的可能，肯定会遭遇到重重困难，并使人产生挫败感。

人作为社会成员之一，不可避免地会遇到各种挫折和打击，会产生诸如愤怒、悲伤、恐惧等各种消极情绪，但需要积极化解不良情绪，遇到这种情况，应采取一定的方式宣泄这些不良情绪，如倾诉、抗争、转移注意力等，应尽量减少采用否认、退缩等方式解决矛盾。

“毋恃敌之不来，正恃吾以待之”。当你把工作当作谋生手段、实现个人自我价值的时候，更要重视精神生活，崇尚身心健康，学会化解过重的工作压力，化工作压力为工作动力，快乐生活，快乐工作。

有人说，压力就是魔鬼与天使的混合体。有时它是能带给人心灵和躯体双重伤害的魔鬼，有时它又化身为促进人们更快达到目标的天使。

压力是魔鬼还是天使，决定权在你，就看你能不能把压力稳放在平衡木上了。

职场人士应该要认识到，工作是必须的，伴随而来的工作压力也是不可避免的。人活着就会感受到压力。没有人是可以“免疫”的，不管你喜欢与否，压力是生活的一部分，会每天伴随着我们。既然压力无可避免，那么就让我们与压力共舞吧！

工作时全心工作，放松时全心放松

现代人流行说忙，满世界就听到一个“忙”字。大人们忙赚钱，小孩儿也同样身不得闲，就连离退休的爷爷奶奶们也忙于发挥余热，或养身保健或吟诗作画。

社会要发展，人类要进步，忙是自然要忙的。然而这绝不是人生的全部。人不仅需要工作，也需要休息，不仅需要忙碌，也需要休闲。我们不能无休止地忙，人生如果没有休闲，就像一幅国画挤满了山水而不留一点空隙，缺乏美感。人生没有悠闲，就不能领悟、体味、享受人生。所以工作忙碌之中要学会偷闲。

泰戈尔在《飞鸟集》中写道：“休息之隶属于工作，正如眼睑之隶属于眼睛。”不会休息的人就不会工作，只有休息好了，才能更好地工作，才会有更好的生活。如果一味地、盲目地去忙，连“革命的本钱”都搞垮了，那人生也就没有忙的意义了。

人生就像登山，不是为了登山而登山，而应着重于攀登中的观赏、感受与互动，如果忽略了沿途风光，也就体会不到其中的乐趣。人们最美的理想、最大的希望便是过上幸福生活，而幸福生活是一个过程，不是忙碌一生后才能到达的一个顶点。

古人云：“一张一弛，乃文武之道。”人生也应该有张有弛，也应该忙中有闲。人生就像根弦，太松了，弹不出优美的乐曲，太紧了，容易断，只有松紧合适，才能奏出舒缓优雅的乐章。

俗话说："磨刀不误砍柴工。"悠闲与工作并不矛盾。处理好二者的关系，最重要的是能拿得起，放得下。工作时就全身心投入，高效运转。放松时就全身心放松，把工作完全放在一边，不要总是牵肠挂肚。去钓鱼、去登山、去观海，想干啥就干啥。

其次就是工作休闲应该搭配得当，不能忙时累个半死，闲时又闲得让人受不了。可以隔三差五地安排一个小节目，比如雨中散步、周末郊游等。适时地忙里偷闲，可以让人适时从烦躁、疲惫中及时摆脱出来，为了更好地工作而积蓄精力。

总之，为了更好地工作，为了美好的生活，我们一定要学会忙里偷闲，有时休息比工作更有效。

踏上人生的漫漫旅程之后，我们要努力从忙碌中释放自己、善待自己，年轻的岁月很容易流失，而未来道路却依然漫长，只要我们适时休息一下，以后的人生一定会更精彩无比！

好心智赢得职场好人缘

在职场上，好人缘是一个人的巨大财富，有了它，工作上会顺利，事业上会如意。但它不会从天上掉下来，而是需要你以心智上的圆润、情感上的理智和行动上的积极去经营。

圆融的心智，让你赢得同事的好感和支持，建立如鱼得水的工作环境。如何拥有好心智？你可以从以下几方面来培养：

1. 尊重别人

俗话说："种瓜得瓜，种豆得豆。"把这条朴素哲理运用到职场交往中，你处处尊重别人，得到的回报就是别人处处尊重你，尊重别人其实就是尊重你自己。

2. 乐于助人

人是需要关怀和帮助的，尤其要十分珍惜在自己困境中得到的关怀和帮助，并把它看成是"雪中送炭"，视帮助者为真正的朋友、最好的朋友。

马克思在创立政治经济学时，正是他在经济上最贫困的时候，恩格斯经常慷慨解囊使他摆脱经济上的困境。对此，马克思十分感激。当《资本论》出版后，马克思写了一封信表示他的衷心谢意："这件事之所以成为可能，我只有归功于你！没有你对我的牺牲精神，我绝对不能完成那三卷的巨著。"两人友好相处，患难与共长达40年之久。

3. 心存感激

生活中，人与人的关系最是微妙不过，对于别人的好意或帮助，要心存感激，向别人表示你的谢意。

经常想一想吧：你在工作中觉得轻松了，说不定有人在为你负重；你在享受生活赐予的甜蜜时，说不定有人在为你付出辛劳……生活在大群体里的你我，总会有人为你担心，替你着想。享受着感情雨露的人们不要做“马大哈”，常存一份感激之心，就会使人际关系更加和谐。情感的纽带因为有了感激，才会更加坚韧；友谊之树必须靠感激来滋养，才会枝繁叶茂。

4. 同频共振

声学中有种规律，叫“同频共振”，就是指一处声波在遇到另一处频率相同的声波时，会发出更强的声波振荡，而遇到频率不同的声波则不然。职场之中，如果能主动寻找彼此的共鸣点，使自己的“固有频率”与别人的“固有频率”相一致，就能够使人们之间增进友谊，结成朋友，发生“同频共振”。

共鸣点有哪些呢？比如说：别人的正确观点和行动、有益身心健康的兴趣爱好等，都可以成为你取得友谊的共鸣点、支撑点，为此，你应响应，你应沟通，以便取得协调一致。当别人飞黄腾达、一帆风顺时，你应为其欢呼，为其喜悦；当别人遇到困难时，你应把别人的困难当作你自己的困难……这些就是“同频共振”的应有之义。

5. 真诚赞美

历史上，戴维和法拉第的合作是一个典范。虽然有一段时间，法拉第的突出成就引起戴维的嫉妒，但二人的友谊仍被世人所称道。这份友情的取得靠的是法拉第对戴维的真诚赞美。法拉第未和戴维相识前，就给戴维写信："戴维先生，您的讲演真好，我简直听得入迷了，我热爱化学，我想拜您为师……"收到信后，戴维便约见了法拉第。后来，法拉第成了近代电磁学的奠基人，名满欧洲，他也总忘不了戴维，说："是他把我领进科学殿堂大门的！"可以说，赞美是友谊的源泉，是一种理想的黏合剂，它不但会把老相识、老同事团结得更加紧密，而且可以把关系不熟的人连在一起。

6. 诚恳道歉

有时候，自己欠考虑，可能会误解别人的好意；自己一句无意的话，可能会大大伤害别人的心……如果你不小心得罪了别人，就应真诚地道歉，这样不仅可以弥补过失、化解矛盾，而且还能促进双方心理上的沟通，缓解彼此的关系。切不可把道歉当成耻辱，那样将有可能使你失去一位朋友。

当然，在职场中要想保持良好的人际关系，最好尽量减少自己的过失。曾子讲：吾日三省吾身。为拥有好人缘，一个人应不断检讨自己的过失、提高个人的修养才是。

以心换心，换取同事的心

工作了，总抽不出太多的时间去交友，于是老是担心自己的知心朋友将会越来越少。其实这种担心根本是没有必要的，因为与你同在一个单位，或者就在一个办公室的同事，其实就是你最好的交友对象，你完全可以用心地投入，把与同事间的关系搞好，争取让同事都能成为自己的知心朋友。

不过在你想让同事成为你自己的知心朋友之前，你是否扪心自问一下，你自己是否已经成为同事的知心朋友了呢？如果你想让自己成为同事的知心朋友，请必须做好下面的事项：

1. 要学会安慰和鼓励同事

俗话说危难显真情。如果同事自己或者家中遇到什么不幸，工作情绪非常低落时，往往最需要别人的安慰和鼓励，也只有在此时同事才会对帮助他的人感激不尽。这时，你应该学会安慰和鼓励同事，让同事把心中的烦恼和痛苦诉说出来，帮助同事解决困难，分减痛苦。同事一旦把心中不顺心的事情说出来后，痛苦郁闷的感觉就会逐渐消失了，而你此时每一句话对同事来说不啻于是一种鼓励。

2. 遇事勤于向同事求援

有许多人遇到自己不能解决的困难时，总是难于向别人启齿，或者不希望给别人带来麻烦，这是不对的。因为一方面你不向别人求援，别人就不知道你的困难，那么你就失去了一个解决困难的机会；另外一方面你不向别人求援，别人就会误认为你是一个怕麻烦的人，以后别人一旦有事自然就不会和你倾吐衷肠了。因此大家日后在遇到困难时，应该勤于向同事求援，这样反而能表明你对同事的信赖，从而能进一步融洽与同事的关系，加深与同事之间的感情。良好的人际关系是以互相帮助为前提的。因此，求助他人，在一般情况下是可以的。当然，要讲究分寸，尽量不要使人家为难。

3. 要学会成人之美

要真心对待同事也体现在褒和贬上。例如在单位举行的总结会上，你应该学会恰如其分地夸奖同事的特长和优点，在群众中树立他的威信；如果发现同事的缺点或者有什么不对的地方，应该在与他单独相处时，实事求是地指出他存在的不足和缺点，并帮助他一起来完善自己。

4. 不能得理不饶人

如果你是一位嘴巴不肯饶人的人，那么你在与同事交谈时，一定要学会克制自己，不能总想在嘴巴上占尽同事的便宜，否则时间长了，同事就会逐渐疏远你的。例如，有些人喜欢说别人的笑话，占人家的便宜，虽是玩笑，也绝不肯以自己吃亏而告终；有些人喜欢争辩，有理要争理，没理也要争三分；有些人不论国家大事，还是日常生活小事，一见对方有破绽，就死死抓住不放，非要让对方败下阵来不可；有些人对本来就争不清的问题，也想要争个水落石出；有些人常常主动出击，人家不说他，他总是先说人家。

5. 不能搞小团体

同办公室有好几个人，你对每一个人要尽量保持平衡，尽量始终处于不即不离的状态，也就是说，不要对其中某一个特别亲近或特别疏远。在平时，不要老是和同一个人说悄悄话，进进出出也不要总是和一个人。否则，你们两个也许亲近了，但疏远的可能更多。有些人还以为你们在搞小团体。如果你经常在和同一个人咬耳朵，别人进来又不说了，那么别人不免会产生你们在说人家坏话的想法。

6. 不能明知而推说不知

同事出差去了，或者临时出去一会儿，这时正好有人来找他，或者正好来电话找他，如果同事走时没告诉你，但你知道，你不妨告诉他们；如果你确实不知，那不妨问问别人，然后再告诉对方，以显示自己的热情。明明知道，而你却直通通地说不知道，一旦被人知晓，那彼此的关系就势必会受到影响。外人找同事，不管情况怎样，你都要真诚和热情，这样，即使没有起实际作用，外人也会觉得你们的同事关系很好。

7. 可以和同事交流生活中的一些私事

有些私事不能说，但有些私事说说也没有什么坏处。比如你的男朋友或女朋友的工作单位、学历、年龄及性格脾气等；如果你结了婚，有了孩子，就有关于爱人和孩子方面的话题。在工作之余，都可以顺便聊聊，它可以增进了解，加深感情。倘若这些内容都保密，从来不肯与别人说，这怎么能算同事呢？无话不说，通常表明感情之深；有话不说，自然表明人际距离的疏远。

你主动跟别人说些私事，别人也会向你说，有时还可以互相帮帮忙。你什么也不说，什么也不让人知道，人家怎么信任你？信任是建立在相互了解的基础之上的。

8. 不能冷淡同事的热情

同事带点水果、瓜子、糖之类的零食到办公室，休息时分与大家吃，你就不要推，不要难为情而一概拒绝。有时，同事中有人获了奖或评上了职称什么的，大家高兴，要他买点东西请客，这也是很正常的，对此，你可以积极参与。你不要冷冷坐在旁边一声不吭，更不要人家给你，你却一口回绝，表现出一副不屑为伍或不稀罕的神态。

人家热情相待，你却每每冷拒，时间一长，人家有理由说你清高和傲慢，觉得你难以相处。

9. 不要刨根究底

刚刚走上工作岗位的人，对什么都感到新鲜，因而乐于刨根究底，这固然是一种好的品质，问题是不分场合、对象和环境，毫无选择、毫无顾忌地东扯西拉、疑问连篇难免就让人讨厌了。因此，你在与同事交谈时，不要去询问他人的私生活，能说的人家自己会说，不能说的就别去挖它。

每个人都有自己的秘密。有时，人家不留意把心中的秘密说漏了嘴，对此，你不要去探听，不要想问个究竟。有些人热衷于探听，事事都想了解得明明白白，根根梢梢都想弄清楚，这种人是要被别人看轻的。你喜欢探听，即使什么目的也没有，人家也会忌你三分。从某种意义上说，爱探听人家私事，是一种不道德的行为。

10. 千万不能出口伤害同事

与同事整天在一起工作，难免会发生一些不愉快的事情。如果因此而与同事争吵时，千万不能随意出口伤害同事。因为如果你激昂慷慨，说出许多令人心寒的话，同事会发出辛辣的反应，从而会对你产生一种仇恨的心理。

互相竞争，也要互相关心

职场中，追求工作成绩，希望赢得上司的好感，获得升迁，以及其他种种利害冲突，使得同事间天然地存在着一种竞争关系。而这种竞争在很大程度上又不是一种单纯的真刀实枪的实力较量，而是掺杂了个人感情、好恶、与上司关系等复杂因素。表面上大家同心同德、平平安安、和和气气，内心里却可能各打各的算盘。利害关系导致同事之间也可能同舟共济，也可能各自想自己的心事，因此关系免不了紧张。

在竞争愈演愈烈的社会中，同事之间，不可避免地会出现或明或暗的竞争。表面上可能处得很好，实际情况却不是这样，有的人想让对方工作出错，自己有机可乘，得到上司的特别赏识。

美国斯坦福大学心理系教授罗亚博士认为，人人生来平等，每个人都有足够的条件成为主管，平步青云，但必须要懂得一些待人处事的技巧，以下是教授的建议：

（1）无论你多么能干，具有自信，也应避免孤芳自赏，更不要让自己成为一座孤岛。在同事中，你需要找一两位知心朋友，平时大家有个商量，互通声气。

（2）想成为众人之首，获得别人的敬重，你要小心保持自己的形象，不管遇到什么问题，无须惊慌失措，凡事都有解决的办法，你要学习处变不惊，从容对付一切难题。

（3）你发觉同事中有人总是跟你唱反调，事必为此耿耿于怀，这可能是“人微言轻”的关系，对方以“老资格”自居，认为你年轻而工作经验不足，你应该想办法获得公司一些前辈的支持，让人对你不敢小视。

（4）若要得到上司的赏识与信任，首先你要对自己有信心，自我欣赏，不要随便对自己说一个“不”字。尽管你缺乏工作经验，也无须感到沮丧，只要你下定决心把事情做好，必有出色的表现。

（5）凡事尽力而为，也要量力而行，尤其是你身处的环境中，不少同事对你虎视耽耽，随时准备指出你的错误，你需要提高警觉，按部就班地把工作完成，创意配合实际行动，是每一位成功主管必备的条件。

（6）利用午饭时间与其他同事多沟通，增进感情，消除彼此之间的隔膜，有助于你的事业发展。

与老板多交心，职场平步青云

每个员工都希望自己的能力得到老板的赏识，在职场中得到应有的发展。要做到这一点，首先要努力锻炼和提高自己的工作能力，将工作做到最好。其次你还要花一点心思了解老板的心思，琢磨透老板的性格，协调和处理好与老板之间的关系。

关系默契，你和老板之间的合作才能默契，才能得到老板的赏识，不断发挥自己的才华，在职场上平步青云。

要学会协调好与老板的关系，你该先问问自己下面这些问题：

你的老板是个什么样的人？你的老板是个只愿把握大局的人，还是个事无巨细皆不放松的人？如果你向一个只愿把握大局的人汇报上一大通细枝末节，那么你俩很快就都会烦的。

你也许会认为你对某项工作是如此殚精竭虑，而你的老板却漠不关心，其实这样想就错了。

一位只愿把握大局的领导会认为你该把所有基础工作都做好，否则对方就不会信任你。你的老板可能只注重结果。如果你早些了解头儿的个性，你俩的合作就会愉快得多。

你是否在帮助老板达到目标？如果你清楚地知道你的老板想要完成什么任务，你最好能帮上忙。

了解那些特别的目标，将有助于你更好地掌握部门的发展方向。通过这些信息，你就能采取前瞻性措施来帮助你的老板达到目标，头儿也就会视你为部门中有价值的成员，那么当其升迁时，你也会跟着得到提拔。

你的老板是喜欢在上午处理问题，还是在下午？如果你知道你的老板不是一个喜欢在上午处理问题的人，你就要尽量避免成为第一个被他召见的人——特别是当你们两人的确有问题需要商量时。

你会发现你的老板在下午两点钟时更容易听进意见，更可能帮你解决问题，千万别在其喝第二杯咖啡前就去打扰。

你对老板寄予你的期望是否了然于胸？实际上只有为数不多的幸运者会被头儿寄予期望，并为他们勾画目标。所有人都削尖脑袋想成为其中一员。

如果你的老板是个注重细节的人，你就该简要地写下你认为对方对你的期望是什么，然后送给对方去征求意见。而如果你的老板是个一见纸多就眼晕的人，你最好就你在部门中的作用和责任，同对方非正式地聊几次。

要记下聊的内容以便经常查阅，并确保你在帮助老板完成目标。

你是否竭尽全力地使你的老板和部门都显得很出色？要知道，如果你的老板显得出色，那么你也会显得出色。你该随时随地想办法使你的老板显得出色。

如果你有什么能改善部门工作的主意，一定要让对方知道。但务必私下去谈，且不要与对方发生冲突。如果部门工作得到了改善，你就会得到更多的信任，那对你的事业只有好处。

一旦你真正处理好了与老板的关系，你就会觉得你们更像是伙伴而不像是上下级。

作为伙伴，老板会托付你更多的责任，使你事业有进步，工作更满意。

静看职场“江湖”风云变幻

在公司中，人与人之间的人际关系问题让广大职场人士和经理人“饱受折磨”。不管是分工合作，还是职位升迁，抑或利益分配，无论其出发点是何其纯洁，公正都会因为某些人的“主观因素”而变得扑朔迷离、纠缠不清。随着这些“主观因素”的渐渐蔓延，原本简单的同事关系、上下级关系变得复杂起来：一个十几个人的办公室，可以有几个不同的派系，更可以有由这些派系滋生出来的上百个纠缠不清的话题。习惯于这种不动声色、波澜不惊的职场老手，将办公室比喻成战场，在这里，每天都进行着一场场没有硝烟战火的较量，不管你累不累，愿不愿意，只要你置身“江湖”，就“身不由己”。

在这种环境中，足够的冷静与平和有助于你更好地适应。问题出现了，你是否会像以下这样来处理呢?

1. 你是否也应该承担责任

不管是什么原因，你必须意识到，你自己也有问题，所以，你也必须承担一部分责任。

也许，你会觉得问题在他们那边，但是，任何事情都有两个方面。也许，别的同事并不觉得你所厌恶、恼火的同事讨厌，那为什么你不喜欢他们呢?

这有可能是因为他们让你想起了你过去讨厌的某个人，或者让你想起以前不快乐的经验，即使你并没有意识到这点；也有可能他们干扰了你的工作；或者是他们的个人习惯，如不停地说话让你受不了。

2. 相信问题总能解决

任何问题都可以解决，只要你去面对它们。而且，解决方案通常不会太复杂，而且对彼此不会造成太大的伤害。例如，如果他的某个习惯让你容忍不了，你可以告诉他。相反，越来越糟的情况则有可能是因为你总是什么都不说，自己生闷气导致的。

3. 看到他们的亮点

任何人都会有优点，即使你非常不喜欢这个人。所以，你为什么看不到他们个性、能力上的亮点呢？自己想一想，是否对那个同事过于苛求了呢？你这样对待他们，是否对他们不公平呢？

所以，千万不要在他们背后和别的同事说他们的坏话，这只能让你们的关系越来越糟。至少，你要做到尊敬他们，即使他们曾经伤害过你。

4. 改变从自己开始

你不能改变别人，但你可以改变自己。在解决这个问题时，你假设自己承担所有的责任：你是否需要改变对待他们的态度或说话的方式呢？你是否需要和他们直接谈谈？或者，你仅仅需要将注意力从那些琐碎的、让你不舒服的事情上移开，事情就迎刃而解了？

想要获得舒适的办公环境吗？那么，现在就行动起来，对每一个人都友善，你会收获更多。

第五章

心情不输场，情场不输阵

缘聚缘散，惜缘随缘不攀缘

初恋是美好的，常常是幻想式的美好。世界名著《飘》的主人公郝思嘉的初恋，就是幻想式的单相思。郝思嘉爱上了卫希礼，可她从来没有主动地向卫希礼表示过，只是沉醉于自己的幻想中，主观地推断卫希礼的言行都是爱她的，等待卫希礼主动向她求婚。可事实上她的推断是完全错误的。在青春期发育的初始阶段，少男少女们都情窦初开，常常选择生活中或者影视中的突出异性作为自己仰慕、暗恋的偶像。这时候的单相思带有很大的盲目性，一旦确立了心中追求的偶像，就会陷入想入非非之中，总是一厢情愿、顽固不化地爱恋对方，而全然不顾对方的感受。

初恋中的人很容易把爱全部倾注于对方身上，而不管此人的优缺点到底是什么，甚至缺点也是魅力所在。这是初恋中所特有的心理现象，也是很正常的。

大多数人在懵懂的初恋时期，都会冲动、盲目地向意中人直抒胸臆，并且会死缠烂打，等到受了挫折则很容易一蹶不振。

初恋是苦涩的，大多数初恋都不会坚持到谈婚论嫁的时候。年轻人对爱情的认识水平不高，心理承受能力也差，加上双方接触的时间通常比较短，还不了解彼此的品行。等一段时间之后，了解深入了，可能觉得对方并不适合自己，或者不能忍受对方的一些弱点，于是产生矛盾，热情下降，最终分手。年龄偏低的青年男女，往往不懂得在恋爱中如何培养感情，只是一味地亲昵，不可避免地会伤害对方，导致恋情的终结。

初恋的失败让人终生难忘，会给年轻人的心理造成很大的压抑，甚至会给以后的恋爱和婚姻蒙上不可磨灭的阴影。

初恋的失败有时候也并非坏事，它可以使人成熟起来。失恋者不应沉溺于失恋中而痛不欲生，要采取积极的态度化解内心的痛苦，并总结经验教训，以便在面对后来的爱情时不会再犯同样的错误。对大多数人来说，都能顺利地度过初恋，进入到甜蜜的热恋和婚嫁阶段。就像现在正在幸福生活着的人们，有几个没有经历过失败的初恋呢？

对于每个期待恋爱的人，如果一出门就邂逅了自己命中注定的那个人，必然是好事。但是，爱情是个难题，往往我们要经历多少次“爱了、聚了、散了”才能遇到命中注定的另一半，才能执子之手，与子携老。“强扭的瓜不甜”，爱情从来勉强不得。恋家中的男女，要调试好自己的心理，如果对方实在对你无意，就不要纠缠不放，更不能因此折磨自己，要及时放下一段无望的恋情，做到惜缘随缘不攀缘。

失去的是恋情，得到的是成长

这是一个情爱困惑空前走俏的时代，年轻人总是在恋爱的分分合合里迷茫了自己，不再相信爱情。

在爱情路上，男男女女们最害怕面对的就是失恋。特别是有过一段深刻的感情之后，失恋如同撕碎了自己的心一般地疼痛。可是，如果你一直沉浸在对以往爱情的美好回忆里，并且一直为了失去而感到难过，那么你的内心将会永远充满悲伤。相反，如果我们换个角度去想，也许感受就会变得不一样了。

没错，失恋对我们来说是一种损失，可是我们失去的不过是一个不爱自己的人，而对方失去的，却是一个深爱他的人，相比之下，谁的损失会更大呢?

失恋乃恋爱之母，一个恋过的人从我们的生活里消失了，相信以后还有值得爱的人。失恋虽然痛苦，但是不至于让我们悲观和绝望。因为失恋就是埋葬一段已经死亡的爱情，只有经历过一次刻骨铭心的疼痛，才能懂得珍惜，才能让我们在以后的爱情中变得成熟起来。

有人给夏芬介绍男朋友，对方是一个高大帅气的男孩，只是性格上内向一些。夏芬跟他见面后，两人都没说上几句话，气氛显得有些尴尬。双方离开后，夏芬就明确地表态了：我跟他不合适，绝对不能确立男女朋友那种关系。

介绍人听后，都觉得惊讶，对方的条件那么好，怎么刚见了一面就觉得不合适呢?

夏芬说："我以前交了一个男朋友，性格跟他差不多，也很内向。我本身就不是一个爱说话的人，有什么想法也不想及时地表述出来，所以两个人在一起的时候，沟通很少。有时候，两个人的想法不一样，却因为大家都不说，常常会惹出很多的误解，闹出很多矛盾，后来不得不分手。那一次的感情虽然结束了，可是从那以后我就明白了，以我的性格，找男朋友不能找一个性格内向的人，所以不管这个男孩条件怎么好，我们在性格方面都是不合适的。既然没办法好好相处，也不可能预见幸福，那么还不如及早结束了。"

通过夏芬的话，我们可以看出，以前的一场失败的恋情，让夏芬更加了解自己，也更明确了什么样的男人能够给自己幸福。

可见，失恋并不一定就是损失，它在经历了痛楚之后，让我们更加了解自己，也更加懂得如何判断和珍惜新的恋情。

我们大可不必害怕失恋，失恋只是情爱关系发展的一种现象，一个阶段，也是一次自我成长的好机会。

善待爱的痛，提高爱的情商

不可否认，失恋会给人留下一段伤心的回忆，这个结果是不可避免的。

那么，我们怎样才能在失恋中受益，并且减轻自己心理和情感上的痛苦呢？以下几种方法仅供参考：

1. 思考中断法——转移注意力

失恋者情绪消沉、寂寞无助是正常的，但沉迷于往事中不能自拔就过度了。一旦睹物思人，请有意识地“叫停”，以中断回忆，将注意力拉回到现实中。

2. 比较疗法——比比谁最惨

看看灾难影片，感受里面那些生离死别的惨痛，参悟现实中还有很多令人悲怜的人和事。想一想在这个世界上，绝非自己一个人经历这样的痛，这样对比是否觉得平衡一些？

3. 建立信心法——自我快乐

失恋后的某些人会否定自我形象，甚至自信心也会发生动摇。其实，不管怎样，到什么时候爱自己都应该是坚定不移的。改变一下发式、买两套新装，让新鲜艳丽带动自己的心情。失恋的日子，每过一天，就赞许自己一遍：“事情并没那么严重嘛，昨天都撑过去了，今天更没问题。”偶尔有些寂寞，也要说服自己：一个人的生活也不算太坏，起码不必迁就对方，也不必为对方的喜怒而担心了。

4. “罪状”加强法——挖掘对方缺点

失恋后，可以擦亮双眼，清醒地翻翻“旧账”。想想对方的恶言劣行、薄情寡义，使自己越来越讨厌他（她），虽说不至于到咬牙切齿的程度，但是你肯定是更客观了。

5. 融入朋友法——恢复本色

恋爱期间“重色轻友”，现在恢复“单身”，还不趁此机会与老友们相聚，有谁会像老朋友一样了解你、包容你又心疼你呢？跟他们在一起，你不用掩饰什么，没有空余去品尝失恋之后的苦涩，有助于你重新找回良好的感觉。

6. 投注工作法——收之桑榆

恋爱是一件需要投入精力的事情，分心是不可避免的，而失恋后一切复归，又可以全心专注于工作或课业上了。“化伤心为力量”，努力地“建设”自己，使自己成为具备更好条件和资质的优秀者，还怕无人识吗？既然上苍关了这扇门，就会为你再开另一扇门。做一个有心者，等待合适的机会吧！

失恋并不可怕，试着放平心态，把失恋当成人生的必修课，当成一次学习，早日从失恋的痛苦里走出来，才能等到更美好的恋情。

爱到极致是放手

一个卷入不伦之恋多年的女子，迟迟不能走出这个其实对她来说已经是苦远多于甜的关系。她说：“我忘不了那些他曾经给过我的浪漫、深刻的爱的感觉。”

当爱远走，无论它是发生在自己或者对方身上，放弃和放手都是惟一的出路。因为无法放弃曾经有过的美好感觉，无法放下曾经拥有的执著，就会让更多不美好的感觉压在自己的肩上、心上；让自己和对方一起痛苦纠结，是否惩罚了对方也许还是未知数，但是自己绝对是被惩罚最深的一个。因为，你剥夺了自己重新开始享受快乐和幸福的可能。

放手让爱的人走，并不是一件容易的事。但是，这却是唯一的方法。否则，我们就会处在无边的痛苦、气愤和沮丧之中。

从小到大，在每一段关系里，我们都是在寻找着一方面与人连结，一方面与自己连结的双向路线。也就是说尽管再亲密，我们也需要拥有自己的空间。无论是亲子关系、家人关系、朋友关系都是如此，爱情关系当然也不例外。如果失去了这样的空间，我们很快就会觉得被束缚，觉得窒息，觉得痛苦。

因此，当爱还在的时候，懂得放手，给爱一个空间，就是一件很重要的事情。其实，如果仔细而深入地思考一下，当对爱的要求仅仅是双方粘在一起，往往是因为害怕，因为缺乏安全感，因为嫉妒，因为要把自己生命的意义和重量交在对方身上，而不是因为爱。

放手，给爱一条生路，就像纪伯伦在《先知》中所说的：“在你们的密切结合之中保留些空间吧，好让天堂的风在你们之间舞蹈。彼此相爱，却不要使爱成为枷锁，让它就像在你们俩灵魂之间自由流动的海水。”

学会放手，在落泪以前转身离去，留下简单的背影；学会放手，将昨天埋在心底，留下最美的回忆；学会放手，让彼此都能有个更轻松的开始，遍体鳞伤的爱并不一定就刻骨铭心。这一程情深缘浅，走到今天，已经不容易，轻轻地抽出手，说声再见，真的很感谢，这一路上有你。曾说过爱你的，今天，仍是爱你。只是，爱你，却不能与你在一起。一如爱那原野的野百合，爱它，却不能携它归去。

喜欢一样东西，就要学会欣赏它，珍惜它，使它弥足珍贵。

喜欢一个人，就要让他快乐，让他幸福，使那份感情更诚挚。如果你做不到，那你还是放手吧，放手也是一种美丽。记住：错过了娇艳的花，你还将收获美丽的雨。

爱在时，它就是你脖子上美丽绝伦的项链，爱远走时，它就变成了两个人的枷锁。这时，就是你放手的时候，放手了才能找到真正属于自己的幸福。

收拾起心情，继续走吧，你终将收获自己的美丽。

爱的世界，只有怀念没有怀恨

爱是浪漫？爱是激情？爱是疯狂？爱是新鲜？爱是刺激？细细想来，爱是一份牵挂，爱是一种责任。爱是清香四溢茶水中的一片叶，淡淡的却散发着余味。爱是荡气回肠的音乐中的一个音符，轻轻弹奏出美妙声音。爱是你不经意中体会的温馨，爱经历时不觉得是爱，失去时才知道是爱。

爱情是一种不应计较回报的付出。如果希望自己的付出得到同样的回报，那么到最后得到的或许是苦涩的果实。因为彼此对回报的定义并不在统一的见解上。爱一个人，就是无条件的付出，哪怕最后落得伤痕累累，也不会感到后悔，这才是爱的最真表现。否则充其量也只能算是喜欢。

爱情就是两个人的相濡以沫，爱情就是两个人的长相厮守，有爱的人会觉得一切都是甜蜜的。每天晨起时，能看见自己的爱人就在身边，看着爱人忙忙碌碌的身影；能在有星星的夜里，和爱人缱绻星光下，数数天上的点点繁星，细述心中的份份情谊，那就是一种幸福。虽然很简单，但是很实在。爱情，就是当你生病时，爱人给你递上的一杯开水、几粒药丸，还有充满关怀与爱的眼神……这样，你就无药自愈了。

爱情，就是彼此竭力的付出与承受，它们无微不至、无所不能，因此爱情也就是包容。当你发现你已经能够容忍你的爱人的一切的时候，那说明你已经懂得爱、付出爱、承受爱、拥有爱。当然，包容并不等于纵容。包容是用心去拥抱爱情，而纵容只能令爱情陷于万劫不复之地。因此，爱情不会只是风平浪静的相处，有爱的日子也会有磕磕绊绊、吵吵闹闹，而我们就在这些磕磕绊绊中修补我们的爱情，我们就在这些吵吵闹闹中看到彼此的不足，然后不断修补爱情的漏洞，能走过磕磕绊绊的爱情就能坚持到最后。我们或许可以把爱情比作一瓶酒，爱情这酒必须有它的烈度，这就是轰轰烈烈的爱恨交集。但是，太烈的酒喝多了会伤身体，同样，爱情不是轰轰烈烈后就完事，它需要持之以恒，所以爱情的浓度更令人心醉，如酒，越陈越香，越陈越耐喝。

爱情就是一种牵挂，当你远行时，在异乡窗前的明月下，你会思念远在他方的爱人，你会默默为他祈祷，“但愿人长久，千里共婵娟”。爱情就是四海飘泊的人儿，在一个陌生的城市中找到一个能够寄托终身的爱人，然后在这个城市停驻下来，落地生根……爱情就是这样地有所依托。

如果再多的话语都阐释不了爱情，那么，就让我们把爱情归结为在冷冷的冬夜里爱人给你递上的一杯热咖啡，春暖花开时彼此相视的那种满满的笑意，自在，而且自得。

爱情是甜蜜和苦涩的混合体，就好像多彩的颜色是由红、黄、蓝三色变化而成。从另外一个角度来看爱情是一种容易变质的东西。它很难经得起时间、空间的考验。爱情路上的落魄者大都会告诉你一个不争的事实：千万不要随意用时间或空间来考验你的爱情。

爱一个人，要了解，也要开解；要道歉，也要道谢；要认错，也要改错；要体贴，也要体谅；是接受，而不是忍受；是宽容，而不是纵容；是支持，而不是支配；是慰问，而不是质问；是倾诉，而不是控诉；是难忘，而不是遗忘；是彼此交流，而不是凡事交代；是为对方默默祈求，而不是向对方诸多要求；可以浪漫，但不要浪费；可以随时牵手，但不要随便分手。如果你都做到了，即使你不再爱一个人，也只有怀念，而不会怀恨。

步入婚姻围城的心理修习课

虽然爱情和婚姻都包含某种情感承诺，但爱情更多的是恋人们的彼此愉悦，是以自发的相互喜爱为主的，随意性较大，不受法律的约束。

恋爱时，双方都很自由：想什么时候见面就什么时候见面，想什么时候分开就什么时候分开，感情不好了就分手，不会有太多的牵牵扯扯。婚姻就不一样了，它是双方承担责任与义务的法律契约。爱情在婚姻中也是一种责任。婚姻是爱的意愿，结婚实际上等于对爱情发布永远相爱的誓言。就如弗洛伊德所言：“不管婚姻是由他人撮合，还是个人的选择，一旦决定结婚，这种意愿行为就应该保证爱的持久。”

与爱情相比，步入婚姻的围城需要具备不同的心理素质：

1. 必须具备利他的品质

步入了婚姻生活，双方都不能以自我为中心，否则会对婚姻彻底绝望。婚姻中最忌讳自我中心主义，许多无谓的夫妻争吵都是由此引起。可现代人往往是这样的，一旦婚姻不如己意，就想离了再来。婚姻生活中应该具备和培养一定的心理韧性，学会忍耐种种缺憾和承受种种挫折。但容忍并不是无原则地放纵对方，而是双方都合理地谦让，减少婚姻矛盾。

2. 必须具备责任感

结婚意味着责任、义务和忠实，不能太情绪化。热恋中的恋人吵架后可能好几天互不搭理，但夫妻两个吵得再凶，即使动手打起来，对方生病了也不能不管，家务该干的还是要干，饭该做的还是要做，老人孩子不能弃之不顾，客人来了还是要客客气气地一起接待，这就是责任和义务。正如日本学者国分康孝说的："恋爱连孩子都会，结婚则非成年人不可。对于太幼稚的人来说，结婚是负担。结婚要讲伦理，负责任，要有很强的实际生活能力。"

3. 必须具有务实的精神

恋爱的人可以摆脱一切虚荣与世故，不顾一切现实条件的束缚，达到某种程度上的超脱境界，洒脱奔放。可婚姻必须面对和接受社会现实：每天都要与柴米油盐酱醋茶打交道，要经常探望双方的父母，要关心孩子的成长与前途……婚姻生活实实在在、点点滴滴，年复一年、日复一日，离开务实精神如何应付呢？

爱需要亲密，也需要空间呼吸

有生物学家做过这样一个实验，在寒冷的季节里，把十几只刺猬放到户外的空地上，这些小家伙们冻得瑟瑟发抖，于是紧紧靠在一起互相取暖，可因为忍受不了彼此身上的硬刺，只好又各自分开。没过多久，忍受不住寒冷的刺猬又靠在了一起，被彼此的硬刺扎得疼了，又分开。就这样分分合合反复了好几次，刺猬们终于找到了一个适当的距离，既可以相互取暖，又不至于扎伤对方。

恋人之间也是如此，最亲密的距离往往不是最温暖的距离。

两个人的生活，有时需要一点一张一弛的智慧、“欲擒故纵”的技巧。天天耳鬓厮磨的两个人，很容易在一日三餐的平淡生活中消磨了爱情的滋味。“小别胜新欢”，这话不无道理。有时候，适当的距离不是爱情的天敌，反而恰恰是爱情可以仰仗的保鲜剂。

洋洋的男友马明是个海员。两人刚开始恋爱的时候成天黏在一起，马明经常请假不出海陪着洋洋，洋洋也是一有时间就和马明待在一块儿，形影不离。后来马明觉得自己应该多花些心思在工作上，出海的次数越来越多，洋洋开始恐慌，加倍地“关心”阿明：今天去了什么地方，什么时候回来，放假一定要回来陪我，你回来我去接你……而马明面对洋洋无限逼近的爱，选择了逃避。一次大醉之后，阿明冲洋洋大吼："别跟着我了，一点自由都没有了，我是你男朋友，不是你囚禁的犯人。"

爱，需要亲密，也需要空间来呼吸。古人说得好，两情若是久长时，又岂在朝朝暮暮。恋爱中的男女应该懂得适当地为彼此制造一些空间距离。不要因为担心失去对方就整天缠着他（她），适当地给对方一些自由。每个人都有自己的朋友圈子，有自己的事情要做，也有需要一个人静下来思考、不被人打扰的时候。两个人偶尔分开，才有时间处理好自己的事情，再见时，反而有"一日不见如隔三秋"的感觉。

《男人来自火星，女人来自金星》的作者约翰·格雷曾形容男人如钟摆。陷入亲密关系的男人，总会时不时地幻想独处的乐趣和自由，在满足了独处的需要后，又会向往亲密，如同钟摆，在"亲密"与"独处"之间不断徘徊。一个人独处或者和最铁的哥们出游、打球等，仿佛又找回了自我，获得了力量。男人最怕英雄气短儿女情长，一旦整日和恋人卿卿我我，内心就会拉响警报，男人即使再深爱一个女人，也会周期性地选择"逃避"，在此之后，才会对女人更加亲密。而男人之所以"逃避"，是要满足"独处"和"自省"的需要。

每个女人都有自己的闺蜜，每个男人也需要有一个属于自己的空间。当他们遭遇压力或者困惑不安时，女人也许会找自己的闺蜜倾诉，而男人们可能会长时间待在一处，静静地思考。这并不是变心，也不是不爱对方，你不必疑神疑鬼地认为对方见异思迁。这时候，需要做的只是安心地等候，做做自己的事情。过不了多久又会想起彼此的好，流淌出往日的柔情。

两个人的距离很远——同床异梦；两个人的距离很近——近在咫尺。即使再相爱的两个人，也是两个独立的个体，不可能合而为一，留一点空间让彼此想念，岂不更好。

相爱时要真诚，拥有时要珍惜

当两人相爱时，男女双方都会出一些形形色色的招法，来考验对方爱的程度。爱情需要检验，但是要掌握一个“度”，超过了这个“度”，爱情就成了一种折磨，一种痛苦。

临街的阳台，站着一位妙龄女郎。似水的明眸，如云的秀发，被吸引的路人禁不住抬头，看上两眼。一位雅士途经此处，他被女郎的美貌摄去了魂魄，便与她搭讪，向她示爱。

“如果你喜欢的话，请在阳台底下呆上100天时间，我自会下楼来会你。”

只有一天就到期了。女郎轻挑窗帘，偷窥那3个多月纹丝不动坐在那里的雅士。她惊奇地发现，那个“忠诚的骑士”缓缓地直起身，夹起椅子，若无其事地走了。女郎顿时昏倒。

99天！雅士欠缺的看来不是耐心，他恰如其分地表达了自己的爱，又恰如其分地保留了自己的尊严。

如果爱情中没有尊重，没有理解，就不会拥有天长地久。如果不懂得珍惜已拥有的爱情，也将无幸福可言。只有懂得尊重、理解和包容的人才配拥有爱，懂得珍惜和拥有的人才配有完美的爱情。

有一对情侣，相约下班后去用餐，逛街，可是女孩因为公司会议延误了，当她冒雨赶到时候已经迟到了30多分钟。她男朋友很不高兴地说："你每次都这样，现在我什么心情也没了，我以后再也不会等你了！"刹那间，女孩的心决堤崩溃了，她在想：或许，他们再也没有未来了。

同样，在同一个地点，另一对情侣也面临同样的处境，女孩赶到的时候也迟到了半个钟头，她的男朋友说："我想你一定忙坏了吧？"接着他为女孩拭去脸上的雨水，并且脱去外套披在女孩身上，此刻，女孩流泪却是温馨幸福的。其实，爱恨往往只在一念之间。爱不仅要懂得宽容更要及时，很多事只是在于你心境的转变罢了。

人们常说："有缘千里来相会。"的确，没有哪一种缘分比姻缘更能让人缠绵，更能让人痴情了。缘分是通向爱情圣殿的鹊桥，是男女之间真诚的友爱。因为有了那冥冥之中的缘分，使两个原本陌生的人走到了一起，从此共同面对风雨人生，携手一路同行，"在天愿做比翼鸟，在地愿为连理枝"。缘分依托着多少爱、多少梦、几多情、几多恋。缘分最珍贵的是相依为命，最浪漫的就是陪着你慢慢变老。爱情需要缘分，更需要两个人精心呵护，彼此惜缘。两颗心一起去奋斗，一起去支撑，一起去面对生活中的种种困难，携手走过漫长的人生路。不论贫富，不论健康还是疾病，始终不离不弃。

有爱才会有怜爱，有珍惜才能留住爱。不管为爱有过怎样的迷茫和错误，还是为爱怎样的痴狂过，只要真爱过，就没有让圣洁的爱情受到玷污。但要相信，爱情在平淡中自然升华，应学会捕捉爱的光辉，然后让这份爱细水长流、绵延不绝。

茫茫人海中找到一个心爱的人，这是一种幸运和福气，或许他（她）没有你想象的那么好，但却是最适合与你过一生的人，所以应该知福惜福，好好珍惜。

即将恋爱和热恋中的年轻情侣们，在对待爱情和处理感情的问题上应记住：相爱的时候要真诚，争执的时候要沟通，生气的时候要冷静，愉快的时候要分享，指责的时候要谅解，结婚的时候要包容，拥有的时候要珍惜。

若要爱，全心爱

林语堂曾说：婚姻让两个不同的人去过同一种生活。他是在劝诫人们对婚姻不要抱不切实际的幻想，而是要考虑到它的种种不如意之处，免得日后心理落差太大。

两个人由相识、相知，到相恋、相爱，最终携手走向爱情的归宿——婚姻的殿堂，心中无不怀着甜蜜的憧憬、美好的期待。他们在想象之中勾画着未来的生活，哪怕最隐秘的细节、最不易窥测的角落，都被描绘得婀娜多姿、美妙绝伦，连最平凡琐碎的生活，也被完全彻底地美化了。他们陶醉在两个人的世界里，仿佛彼此是对方的上帝。而爱情，成了他们面对生活、主宰命运的唯一钥匙。在过来人眼中，他们是两个甜蜜的傻瓜，因为此时他们还不完全理解婚姻是什么，生活意味着什么。

然而时间的巨手可以钝化感觉，磨平记忆，改变一切。原本使人心旌摇荡的，如今却叫人无动于衷；原本让人铭心刻骨的，现在却使人麻木不仁。连那最让人难以忘怀的一个个美妙瞬间，都变得模糊、淡漠了。是的，时间改变了世界，时间也改变了我们的感觉。

不是因为才华横溢才嫁给他么，怎么越看越觉得这个人除了才华一无所有？不是因为风度翩翩才倾心于他么，怎么越看越感到这人浑身上下都是虚头巴脑？不是因为气质超群、身材出众才非她不娶么？怎么婚后不到一年便觉得这个人形容猥琐、俗不可耐？不是因为心地善良、不慕钱财才对她感念不已，以为今生终于找到了理想中的爱人么，怎么孩子刚一出生这个人就变得斤斤计较、锱铢必较？

原本心仪的东西，如今似乎都走向了反面：性情稳重成了老气横秋，性格活泼成了疯疯癫癫，风流倜傥成了拈花惹草，热爱艺术成了老不正经，连身体健壮也成了笨手笨脚，身材苗条也成了不够性感，大眼睛是大而无当，小眼睛是鬼鬼祟祟，有业余爱好说你不务正业，没有业余爱好说你缺乏情趣，下班早回家说你不像个男人，下班不回家说你不顾老婆孩子，挣不到钱说你是笨蛋，挣太多钱说你肯定不是好东西，管孩子说你婆婆妈妈，不管孩子说你没有家庭责任感，提拔了说你是马屁精，没提拔说你狗屁本事没有白混了十几年，朋友多了说你狐朋狗友整天不着家，朋友少了说你孤家寡人像个丧门星，对长辈孝敬了说你永远像个三孙子，对长辈不孝顺又说你没良心，看见女人不回头说你假正经，见着女人总回头说你不正经……

生活就是这样，每天都在发生有形无形的战争。说起来鸡零狗碎、鸡毛蒜皮，说多了还叫人笑话。然而每个人都在生活的粗俗和琐屑之间经受考验。新潮男女难以忍受此中的磨难，叹息一声“怎么会是这样？”便互道“拜拜”，从此天各一方，独自潇洒去了。趁着年轻还有资本，他们拼命地消费自己，待到人老珠黄，也就心平气和，认可“生活的平庸”了。比之前辈，他们不乏洒脱快乐，但在频繁的探索与转换之间，他们很难深入体会生活的艰辛与美好。与他们一同笑过的人，他们很快忘记他；与他们一同哭过的人，他们也很难长久地记得他。只是到了人生的暮年蓦然回首，他们才似有所悟，但很难说一句无悔今生、笑对所爱。

爱一个“完美”的人并不难，爱一个“有缺欠”的人却很难，长久地爱一个这样的人尤其难。而唯其如此，人的感情才显得深沉厚重、感天动地。说到底，我们谁敢大言不惭地说自己是“完美”的人呢？既然自己并不完美，凭什么以完美要求自己的爱人呢？

爱一个人，便意味着全身心地、无条件地接受他（或她）的一切，包括他坚强掩盖下的脆弱、诚实背后的虚伪、才华表象下的平庸和勤劳反面的懒惰，甚至要忍受婚前不曾发现的种种生活恶习。诚实、善良、美丽、贤惠的是你的妻子；虚伪、做作、小器、庸俗的也是你的妻子。在外夸夸其谈、不可一世的是你的丈夫；在家打老婆、骂孩子，言语粗鄙、行为粗俗的也是你的丈夫；人前油头粉面、西装革履的是你丈夫；人后掏鼻子、抠脚丫子、从不洗袜子的也是你的丈夫。否定了爱人丑陋的一面，也就否定了他的全部；否定了他的全部，也就否定了你自己的生活。

沟通，为婚姻加个保险栓

现代生活快速的节奏、紧张的氛围，对于那些事业心强，而又富有竞争精神的人来说，总想在这样的生活中占据一席之地。于是他们把所有的心思都用在了工作中，家庭在他们心中变得不再重要。在这样的情况下，如果夫妻双方再不善于沟通，不能互相体谅的话，婚姻之车肯定要撞红灯了。

韩海和妻子李梅都有着强烈的事业心。正因为如此，两人才会彼此倾慕并最终走到一起。婚后，两人各忙各的事情，生活平淡而实际。

韩海是一名政府公务员，非常善于运用科学的管理方式管理行政事务，并且成效显著，很快便脱颖而出，被提拔为副处长。李梅在大学毕业后留校任教，为了提高自身的学历，在学术上有所作为，她下苦功考取了学校的硕士研究生。夫妻俩的事业都红红火火，蒸蒸日上。

不久，省里决定在现有的机关人员中选拔一批优秀人才到贫困地区挂职，韩海第一个报了名，并如愿以偿地到附近某贫困县当了一名主抓科技的副县长。一年后，由于他在科技扶贫方面成绩显著，在县行政换届选举中，他以绝对优势被选任县长。随后，韩海率领全县人民用不到两年的时间不仅摘除了该县的贫困帽子，而且使其跻身全国“百强县”。

在工作中，韩海时常会感觉到自己对家庭温暖的需要和渴望，但同时事业的成功又冲淡了这种孤独、寂寞之感。

在学校继续任教的李梅则是一头扎进书海里，进行课题攻关。她把儿子送到公婆身边，并充分利用丈夫和孩子都不在身边的良好学习环境，不断地做实验，搞研究，后来搬到实验室里，吃住全在里面。在导师的指导下，她的研究成果获得了省科技进步一等奖。

寒假将至，韩海回来与妻子商量，要她利用寒假和他一起去县里辅导县中学的教师，但李梅舍不得离开自己的实验，拒绝了丈夫，结果他们大吵一架，不欢而散。韩海愤愤地走了，带着满心的寂寞与伤害，直到春节也没有回来。除夕夜，李梅没有回那个冷清的家，一个人待在实验室里，感到了凄凉和孤独。

经历了这次纷争，夫妻俩开始反思这一段婚姻历程，虽然他们的事业在不断地升温，但他们婚姻生活的温度却已接近了零点。在为事业拼搏的时候，每个人都是需要支撑、关怀和温暖的，都应该为家庭的建设付出自己的努力，但他们却都忽略了这一点。

韩海为了自己的政治前途，几乎忘记了家庭的存在，特别是调离当地之后。而李梅为了自己的学业，甚至把儿子也狠心地送走了。他们的家庭生活，几乎是一片空白。他们两个人几乎没有待在一起的时间，家庭在他们的心目中的分量远比事业轻得多。想通了这一点，他们都感到十分震惊，原来他们为家庭付出的实在是太少了。

李梅开始尝试在学业紧张之余，特别是利用节假日前往韩海所在的县城探望丈夫，并且给他做上几顿可口的饭菜。闲暇时，她会同丈夫一道散步游览，领略县城街头的风景，与丈夫谈谈别后的感受。有时，接回儿子，一家人其乐融融。有时，他们会寻找一个风景胜地，出去旅游一番。

从此，夫妻之间、父子之间、母子之间，都多了一些问候，多了一些关心，多了一些欢聚的快乐，更多了一些温馨甜蜜的回忆。

韩海和李梅能够及时地反省自己的婚姻生活，从家庭和事业之中找到一种平衡，使婚姻这只船可以平稳地在生活的海洋中航行。但在婚姻中，也有不少人撑不好婚姻的船，使其失去平衡，从而遭遇 “船毁人亡”的灾难。

夫妻间的相处沟通虽然相当重要，但夫妻间的交流一定要遵循“有话坐下来好好说”的原则，这样双方才能知道彼此的想法，才能帮彼此整理思绪、稳定情绪。

切忌把什么事都埋在心底，尤其是当事业和家庭发生冲突时，自己满腹委屈，却暗自期望能得到对方的谅解，当对方不明白时，又萌生失望而感伤，将怨气由其他方面宣泄出来，弄得别人一头雾水，自己一肚子气。这样往往导致的是夫妻间矛盾激化，感情出现危机，甚至还可能会使婚姻走向破裂。

修炼好心情，经营好婚姻

有资料表明，爱情的保鲜期为18个月。也就是说，夫妻双方从步入婚姻的殿堂开始，能够如胶似漆地吸引，也仅有18个月时间。18个月之后，夫妻间的“粘合力”大大降低，故才有了“握着老婆的手，就像左手摸右手”这一形象比喻出笼。

在离婚率逐步攀升的今天，学会经营婚姻至关重要，而经营婚姻，最主要的是经营自己。

经营婚姻，不是拿自己的意图和意向去干扰婚姻，希望对方照着你的意思做。这样的做法，结果是不会很好的。因为大部分人都不太愿意接受别人的命令，愈亲的人对这种命令愈特别敏感，愈敏感就愈难处理得好。

想要经营婚姻，第一步得先修自己，修到没有脾气。有脾气，对方一管就生气了，因为对方的想法一定跟你的不同，他若不照你的意思做，你就发脾气，这样很难有沟通，彼此也就很难有良好的互动。

好的夫妻关系，不是要求出来的，而是发自真正的关心。真正的关心不包含要求，不去要求，只是纯粹的关心，对方就比较容易接受，他未必完全认同，但至少可以接受，也就比较不会唱反调。

一般夫妻间都没什么礼貌，没什么距离，有些话脱口就说了，完全不考虑对方的感受。这些话通常都不是什么好听的话，对方当然就不会有什么好的反应。经营婚姻，虽然不必举案齐眉，但也要相敬如宾，把对方当朋友，保持人与人之间应有的距离和礼貌，等等。

先修好自己，才有更大的空间、更大的能力去调整别人，而不是去要求对方。婚姻关系里，夫妻不是主仆，不是一方说，另一方只管照听、照做，而是彼此有良好的互动。在谈情说爱的阶段里，双方的关系比较平等，互动较好，因为当时有比较多的爱情和欲望那种美好的感觉，以及足够的距离。但那是短暂的，一旦结婚之后，互动的关系就不见了，爱情的火一熄灭，平等关系就变成了主仆关系。那也就是美丽的童话故事总是以一句“公主和王子从此过上幸福的生活”而结束的原因。

大部分人的婚姻，爱情不见了，剩下的只是亲情，就像父母对子女一样，压力就很重，太太把先生当孩子，不能这样，不能那样，对方反弹当然大。为何夫妻关系会变成只剩下亲情？那是因为彼此的基本能力——调整生命的能力不够。一般人在亲情关系上沟通较少，没有办法像朋友那样可以海阔天空地交谈。夫妻的谈论焦点只在于柴米油盐，愈谈愈窄，交谈话题如果与工作有关，那就愈谈愈苦了，因为公司的问题太多了。婚前谈爱情是甜蜜的，愈谈愈高兴，以为彼此合得来，就结婚了。婚后，面对的是生活上的点点滴滴，不管是工作或婚姻生活都乏善可陈，不能谈心，障碍愈谈愈多，情绪就来了。

我们不能控制环境，也不能控制别人，唯一能控制的是我们自己而已。如果我们的情绪经常起伏不定，就更不能控制了。所以，第一步，先把自己控制下来，也就是修己、修身，经营自己。经营好自己，你对爱人的看法，就会改变，就会调整。之后，你与爱人的关系会还原到比较自然的状态，争吵和矛盾越来越少，婚姻越来越甜蜜，生活越来越美满。

一个人需要多大的勇气，才敢推开婚姻的大门？两个人需要多浓的爱意，才能携手走完人生的长路？婚姻比起爱情，更是一种生存方式，它是一辈子的事，需要两个人全心守护，用一生的时间来完成。

第六章

沉住气，成大器

急于求成，事情往往不成

有两棵大小相同的树苗，同时被主人种下，也被一视同仁地细心照料着，不过，这两棵树的起跑点虽然相同，后续的成长状况却大不相同。

第一棵树拼命地吸收养分，一点一滴储备下来，仔细地滋润身上的每一根枝干，慢慢地累积能量，默默地盘算如何让自己扎扎实实、健康茁壮地成长。

另一棵树也一样非常努力地吸收营养，不过它追求的目标与第一棵不同，它将养分全部聚集起来，并使劲地将这些养分推至树端，一心想着如何让开花结果的时间提早来到。

第二年，第一棵树开始吐出了嫩芽，也十分积极地让自己的主干长得又高又壮；而另一棵树也长出了嫩叶，不过它却迫不及待地挤出了花蕾，似乎随时都可以开花结果。

这个景象让农夫非常吃惊，因为第二棵树的成长状况非常惊人。只是，当果实结成时，由于这棵树尚未长成，却提早承担了开花结果的责任，因此一时间吃不消，把自己折腾得累弯了腰，至于所结的果实更是因为无法充分吸收养分，比起一般正常的果实要酸涩。

再加上它的体型矮小，许多孩子都喜欢攀上树端嬉戏玩乐，并且拿那些还未成熟的果实游戏，时日一久，这棵树在身心受创的情况下，逐渐失去了生长的活力。

第一棵树的情况却完全相反，原本不被看好的它，反而越来越茁壮，在经年累月的耐心等待之后，终于花蕾绽放。

由于养分充足、根基稳固，不久结成的果子也比其他的树更大更甜，而那根急于开花结果的树却日渐枯萎。

很多年轻人就像第二棵树一般，只学会了皮毛，便急着出头与表现，然而，当他的皮毛用尽，也就意味着能力不过如此而已。

这时候，不仅难以占有立足之地，还会跌到更深的谷底，甚至连重新开始的机会都很难找到。

急于求成只能拔苗助长，欲速则不达；顺其自然，才能水到渠成。急于求成就是在不适当的时候做不适当的要求，是希望世界上的事按你的想法去实现。急于求成只能让你感到生活一团糟。然而，你往往在不经意中，在顺其自然的豁达之中，得到了一切。

不论是钻研知识、学习技能还是追求成功，我们都得像第一棵树一样，逐步累积自己吸收的养分，进而培养出扎实的能力，让迈出的每一步留下的都是绝对坚实的足印。

揠苗助长的人，只会让仅有的一点能力过早显露，遭到他人白眼的对待；好高骛远的人，只不过有个看似比别人崇高的目标罢了，若不肯脚踏实地去做，最后只能与失败为伍。

成功其实没有捷径，日积月累才能厚积薄发，只有当你拥有稳扎稳打的实力后，你才能够走向成功，急于求成是每一个人成功路上的绊脚石。

杜绝心浮气躁，脚踏实地做事

在这个瞬息万变的物质世界中，其实人人都可能有过浮躁的心理。对那些意志坚强的人而言，这也许只是一个念头而已。一念之后，还是该做什么就做什么，不会迷失了方向。

浮躁不仅是事业的一大敌人，还是各种心理疾病的根源，它的表现形式呈现多样性，已渗透到我们的日常生活和工作中。可以说，我们的一生是同浮躁斗争的一生。要想在某个领域出人头地，必须克服浮躁的心态。

浮躁心理通过调节是可以得到矫正和战胜的。具体方法有以下几种：

1. 立长志，而不是常立志

这点对于防止浮躁心理的滋生和蔓延是十分有利的。在立志时，要注意两点：

一是立志要扬长避短。立志经常不考虑自身条件是否可行，而是凭心血来潮，或看到社会上什么挣大钱，就想做什么，这种立志者多数是要受挫的。应根据自己的特点来确立目标，才会有成功的希望，千万不要赶时髦。

二是立志要专一。俗话说“无志者常立志，有志者立长志”。立志不在于多，而在于“恒”。要防止“常立志而事未成”。

2. 重视个人的行为习惯

首先，做事情要先思考，后行动。比方出门旅行，要先决定目的地与路线；上台演讲，应先准备讲稿。在做事之前，经常问自己这样一些问题："为什么做？怎么做？希望什么结果？"并要具体回答，写在纸上，使目的明确，言行、手段具体化。

其次，做事情要有始有终。不焦躁，不虚浮，踏踏实实做每一件事。一次做不成的事情就一点儿一点儿分开做，积少成多，积沙成塔，累积到最后即可达到目标。

3. 有针对性地"磨炼"

练习书法，学习绘画，弹琴，解乱绳结，下棋等，有助于培养耐心和韧性。此外，还要学会调控自己的浮躁情绪。例如，做事时，可用语言进行自我暗示。如："不要急，急躁会把事情办坏。""不要这山看着那山高，这样会一事无成。""坚持就是胜利。"只要坚持不断地进行心理上的练习，浮躁的毛病就会慢慢改掉。

4. 用榜样教育

身教重于言教。首先要调适自己的心理，改掉浮躁的毛病，树立勤奋努力、脚踏实地工作的良好形象。用榜样如革命前辈、科学家、发明家、劳动模范、文艺作品中的优秀人物以及周围人的优良品质来对照检查自己，督促自己改掉浮躁的毛病。

改变浮躁之气，就是要脚踏实地，凡事讲认真。认真就是不放松对自己的要求，就是严格按规则办事做人，就是在别人苟且随便时自己仍然坚持操守，就是高度的责任感和敬业精神，就是一丝不苟的做人态度。

浮躁不是病，而是一种普遍的社会心态，没有什么可怕。只要我们让自己的头脑稍微保持一点清醒，不因浮躁而紧张，我们的心便会随之复归平静，生活和事情也会变得像以前一样容易掌控。

耐得住“烦”，做得了事

做事难，做人更难。难就难在：无论多么简单的事，也会被人弄得复杂起来。

单纯一件事，只要肯下功夫，要把它做好并不难，但一扯上人为因素，简单的事也会变复杂。而依人的智慧、经验、价值观念以及利益的不同，这事的复杂度也会有所不同，就好比一条绳子打上了千百个结，世上的事多半是如此。

比如公司调整人事，好的位子人人想要，施压的施压，钻营的钻营，这就是打了千百个结的绳子；商人要争取大生意，几年前就开始打通人脉、收集情报、训练人员，每个步骤都是问题，也都需要解决，这也有如打了千百个结的绳子。而要解开这些绳子上的结，要的便是“耐烦”。

事实上，要做好一件事，解决一个问题，最需要的是智慧、经验，那么为何在此特别提出“耐烦”二字呢？

这里有几个原因。首先，有智慧、有经验的人固然能做好事，也能解决问题，但若无“耐烦”的本事，则无法做好磨人磨得发狂的事，也无法解决复杂多变、不知从何下手的问题。所以，不能“耐烦”，徒有智慧和经验还不能成就大事。

其次，“耐烦”是和客观环境比耐力，也是和竞争对手比耐力，你能“耐烦”，就不会输。若因不耐烦而半途放弃，那么就先输了，很多在人生竞赛中落后的人都是因为不耐烦，而不是因为智慧不如人！

如果你刚刚踏上工作岗位，每天面对这些琐碎而无价值的事，是不是会感到厌烦？尤其是在社会中的人，很有干一番事业的雄心，对这些鸡毛蒜皮的小事往往会不屑一顾。人生一世，谁都不甘平庸，都想成就一番大业，不虚此生。可是这世界上能干事的人不少，成大业的确实不多，究其原因，方方面面，主客观因素都有。比如，要有良好的社会背景，有千载难逢的机遇，也要有智商、有文化、有修养，等等。但“耐不得烦”却是一个常常被人忽略的重要因素。

“要能耐得住烦”就是要站得高，看得远，不为眼前的得失而影响大目标，大事业。“耐烦”就是不要急功近利，不因小失大。能耐一次烦，便能耐二次烦，这种本事一变成习惯，将是成就大事业的基础。这种“耐烦”的本事，年轻人尤其要能学到，不要说你年轻气盛而“做不到”，那是托词，这里能告诉你的只是：越早学到，越早获益！

至于如何培养“耐烦”的本事，这并无捷径，也没有速成班，更没有补习班可以教，这是个人意志的问题。换句话说，你只要在碰到“很烦”的事时，便告诉自己——要耐烦！然后仔细地、耐心地、不动气地分析该如何做这些事，解决这些问题，那么慢慢的，你便有了“耐烦”的本事。

耐心，耐心，还是耐心

有位著名的推销大师，即将告别他的推销生涯，应行业协会和社会各界的邀请，他将在该城中最大的体育馆做告别职业生涯的演说。

那天，会场座无虚席，人们在热切地、焦急地等待着那位当代最伟大的推销员做精彩的演讲。大幕徐徐拉开，舞台的正中央吊着一个巨大的铁球。为了这个铁球，台上搭起了高大的铁架。

一位老者在人们热烈的掌声中走了出来，站在铁架的一边。他穿着一件红色的运动服，脚下是一双白色胶鞋。

这时两位工作人员抬着一个大铁锤，放在老者的面前。主持人这时对观众讲，请一位身体强壮的人到台上来。转眼间已有一个年轻人跑到台上。

老人这时开口和他讲规则，请他用这个大铁锤去敲打那个吊着的铁球，直到把它荡起来。这个年轻人抢着拿起铁锤，拉开架势，抡起大锤，全力向那吊着的铁球砸去，一声震耳的响声，那吊球动也没动。他就用大铁锤接二连三地砸向吊球，很快他就气喘吁吁。人们以为一切都是徒劳，会场恢复了平静。

这时老人从上衣口袋里掏出一个小锤，然后认真地面对着那个巨大的铁球。他用小锤对着铁球“咚”敲了一下，然后停顿一下，再一次用小锤“咚”敲了一下。人们奇怪地看着，老人就那样“咚”敲一下，然后停顿一下，就这样持续地做。

十分钟过去了，二十分钟过去了，会场早已开始骚动，人们用各种声音和动作发泄着他们的不满。老人仍然一小锤一停地工作着，他好像根本没有听见人们在喊叫什么。

大概在老人进行到四十分钟的时候，突然有人喊：“球动了！”

老人开口讲话了，他只说了一句话：在成功的道路上，你没有耐心去等待成功的到来，那么，你只好用一生的耐心去面对失败。

困难和挫折让我们焦虑不堪，让我们神经紧张，让我们心生畏缩。这时候，只要我们冷静下来，重新考虑自己所处的位置，思考自己面临的问题，耐心地等待，事情也许就有了转机，你就此走上了一条通往成功之路的捷径。

有些时候，解决时间的残酷，只要你耐心等待一会儿。

沉得低，才能跳得远

古人说："惟有埋头，乃能出头。"种子如不经过在坚硬的泥土中挣扎奋斗的过程，它将只能是一粒干瘪的种子，而永远不能发芽滋长成一株大树。

许多有抱负的人忽略了积少才可以成多的道理，一心只想一鸣惊人，而不去做埋头耕耘的工作。等到忽然有一天，他看见比自己开始晚的，比自己天资差的，都已经有了可观的收获，他才惊觉到在自己这片园地上还是一无所有。这时他才明白，不是上天没有给他理想或志愿，而是他一心只等待丰收，却忘了播种。

因此，单是对自己那无法实现的愿望焦急慨叹是没有用的。要想达到目的，必须从头开始。所谓"登高必自卑，行远必自迩"；正如爬山，你只要低着头，认真耐心地去攀登，到你付出相当的辛劳努力之后，登高下望，你才可以看见自己已经克服了多少困难，走过了多少险路。这样一次次的小成功，慢慢才会累积成大的更接近理想目标的成功。

最终的目标绝不是转眼之间就可以达到的，在未付出辛劳艰苦和屈就的代价之前，空望着那遥远的目标着急是没有用的。而唯有从基本做起，按部就班地朝着目标行进才会慢慢地接近它、达到它。

老子说：“大的洁白，是知白守黑，和光同尘，故而若似垢污；大的方正，是方而不割，廉而不刿，故谓没有棱角；博大之器，是经久历远，厚积薄发，故而积久乃成；浩大之声，过于听之量，故而不易听闻；庞大之象，超乎视之域，故而具体无形。”一个人要想成大器，重要的是沉下心来，历经长久的磨炼。只有淡化锋芒，祛除骄躁，笃实务远，才能做好工作、汲取真知，成为职场的精英，登上成功的巅峰。

不论什么事，只要沉下心，肯努力，肯用功，肯下功夫，要把它做好并不难。

取得成绩不自满，面对竞争不畏惧，只有这样才可能有作为，成大器。一句话：沉得低，才能跳得远；沉住气，才能成大器。

在不显山不露水中成就事业

心浮气躁，做事喜欢大张声势，容易暴露自己的弱点，给人生埋下失败的种子。而不动声色，低调为人，往往能成就一番不世事业。

历史上，有些人胸中隐藏着高远的志向、抱负，表面上却显得很低调，做事不显山不露水，这正是他心高气不傲、富有忍耐力和成大事讲谋略的表现。这种人能够在任何处境下都能做到沉住气，能高能低，能上能下，具有一般人所没有的远见卓识，最终成就一番事业。

三国中的刘备，就是这样的一个人物。

想当初，刘备在吕布与曹操两大势力争夺中无法保持中立，只好依附曹操，以图共同消灭吕布。后来当董承、王子服等人凭汉献帝血写密诏结盟讨伐曹操时，把刘备也拉入这个反曹的政治集团之中。刘备签名入盟后，为防曹操谋害，就去后园种菜，并亲自浇灌，以为韬晦之计。

不想曹操何等精明，他想刘备这看似“胸怀大志，腹有良策，有包藏宇宙之机，吞吐天地之志”的英雄怎么突然种起菜来了，一定有什么重大事情影响了他。一天，趁刘备的两位结拜兄弟关羽、张飞不在身边的时候，派许褚、张辽带领数十人到园中将刘备“请”往丞相府。刚一见面，曹操便出一言：“在家做得好大事！”唬得刘备面如土色。随后曹操执刘备之手将他带到后园，说了句“玄德学圃不易”，意思是说玄德你学种菜可不容易啊，这才给刘备吃了颗定心丸，他缓过劲儿来，赶紧回了句：“只是消遣罢了。”

之后，二人相约来到小亭，只见亭内小桌上“盘置青梅，一樽煮酒，二人对坐，开怀畅饮”，青梅煮酒，煮出了一段脍炙人口的历史剧。当是时，酒至半酣之际，忽然阴云布满天空，骤雨将至。随从们突然看见天边乌云，酷似游龙，引来曹操的注意，他携刘备凭栏观看。曹操突然问道：“使君知龙之变化否？”刘备说：“未知其详。”曹操于是说道：“龙能大能小，能升能隐；大则吞云吐雾，小则隐介藏形；升则飞腾于宇宙之间，隐则潜伏于波涛之内。方今春深，龙乘时变化，犹人得志而纵横四海。龙之为物，可比世之英雄。玄德久历四方，必知当世英雄。请试指言之。”

刘备其实很清楚，这是曹操要他承认自己心怀英雄之志。刘备则故意拉扯旁人，先抬出最让人看不起的袁术，曹操斥之为冢中枯骨。刘备又举出袁绍、刘表、孙策、刘璋等人，唯独不提自己。曹操自然不满意，干脆直言相告：“今天下英雄，唯使君与操耳！”刘备闻之大惊，以为讨曹联盟之事暴露，手中的筷子随之掉在地上。也算天公作美，是时雷声大作，刘备借机恢复常态，从容地将筷子捡起，并说道：“雷声太响了，一惊之下，才将筷子掉了。”曹操看到这场景，笑着说：“丈夫亦畏雷乎？”疑心顿消。刘备也得以保全自己，几天以后曹操又请刘备喝酒，席间忽然有人来报：“淮南的袁术要和淮北的袁绍联合起来对付丞相。”刘备放下酒杯，当即表示愿带兵前往沙场，曹操没有怀疑，答应了，从而使得刘备“撞破铁笼逃虎豹，顿开金锁走蛟龙”，日后方才造就三国鼎立之势。

刘备采取的就是一种“韬光养晦”的策略，是一种有所作为的“不显山不露水”。适时地隐藏自己的愿望，如龙在渊一样，只要是龙，总有飞上天空的时刻，静待时机，终会成就一番大业。

为了实现内心的远大抱负，我们要放低自己的姿态，忍受各种磨难，蓄积力量，专心追求心中的抱负，以求得最终的胜利。

忍一时之气，成一番大事

如果一个人要想成就一番事业，名垂青史，就必须吃常人不能吃的苦，流常人不能流的汗，忍常人不能容之事。归根结底，就是人生怎样运用好这个“忍”字。

忍有极大的好处，忍是修身养性的前提，忍是安身立命的最好法宝，忍是众生和谐的祥瑞，忍是成就大业的利器，忍是生财致富的妙门。忍一时风平浪静，退一步海阔天空。为了长远的考虑，不必计较一时、一事之长短，没有什么不能忍的。

“弓过盈则弯，刀至刚则断”，忍是一种宽广博大的胸怀，忍是一种包容一切的气概。忍讲究的是策略，体现的是智慧。能忍者追求的是大智大谋，决不做头脑发热的莽夫。

任何人在其自己的一生之中，做事根本就不可能都是一帆风顺的，总会遇到各种各样的困难与挫折，不管是来自外界的，还是来自自身的，都在所难免。一个真正想有所成就的人，定然不会为一时一事的顺利与阻碍，常常放在心间，也不会为一时的成败所困扰，而是去奋发图强，艰苦奋斗，成就功业。

但是，这里所讲的“忍”并不意味着就是怯懦，也不意味着无能。从本质上来说，忍是强者的涵养，不能忍才真正表现出弱者的无奈。

花开花落总有时，天时未到莫强求。忍是一种人生中的智慧与策略，一种为了度过不可能时期的策略。在潜伏时期，应当隐忍待机，不可妄动，所以，要学会隐忍。隐一朝，忍一时。隐一朝不是永远的隐，隐一朝也是不能不隐的选择；忍一时是聪明的选择，它需要一种眼力和志向。无眼力者不能审时度势；无志向者从不肯潜伏。

忍是隐的保证。忍不住一时之苦，一时之寂寞，一时之耻，一时之诱惑，一时之挫折，一时之屈，一时之难，一时之野心，就会把策划好的计谋打破，导致功亏一篑，半途而废。为了隐藏的实施，往往要学会忍。

忍一时，就要靠一时的忍，等待机会，走向成功。这样，隐忍术方可奏效。

忍是在自己感到高兴的基础上去忘记一切，只有忘记前面所有的高兴和烦恼，才能重新开始人生的一个新的阶段。

忍的最好的方法，就是当自己的脑细胞接受不了现实场景中的信息的时候，就尽快地离开那个地方，不管是在什么地方。当你离开了之后，就用自己的最大努力去把以前的对你来说是一种不能忍受的信息去掉，也就是把它变成自己能够接受的那种信息，在自己的大脑之中给它一个安身之处。

忍不是眼看着别人向你进攻，自己在进退两难的时候还默默无闻。

如果是自己做错了某件事，那么就把它当作是自己人生道路上的一个小小的坑洼，用笑声把这些坑洼填平了，以此为戒，重新选择道路，不要再感到内疚。

在遇到挫折与不公之时，要让自己热烈的心冷静下来，忍下来，永远要记住“小不忍则乱大谋。”

总之，一个人在自己的生命当中一定要学会忍，只有做到了忍一时之忿，才能够真正地干出一番大事业。

全力争胜，不必事事求胜

“胜利”是绝大多数人一生追求的目标，可是在人性丛林里，事事求胜，却不一定是好事，有时候，“求胜”反而是”失败”的前奏。

有一部电影的部分情节是这样的：

男主角为了查案，想办法进入某一帮会。该帮会的规矩是，欲加入者，必须接受该帮会三名高手的挑战。结果男主角先后摆平了前两位高手，最后碰到帮主，两人在经过十数回合的交手后，男主角俯首认输。女主角知道男主角功夫高强，对他的认输大惑不解，男主角回答说，如果他打败那位帮主，自己就要取而代之，成为帮主，可是当帮主不是他所愿，也无助于查明案情，何况他也不一定能带得动这些人，为了收服他们的心，还得花很多心思，这对查案无益。因此他不求胜，反而故意求败，给了那位帮主及全体”弟兄”面子；男主角因为坐上了第二把交椅，接近权力核心，反而更容易了解案情的来龙去脉。

这虽然是部电影，可是情节却相当合乎人性丛林里的法则，也就是：你的胜利是别人的失败，失败者的心情极端复杂，他可能真正臣服认输，但也有可能在心底埋下一粒复仇的种子，若卷土重来，两人光明正大再度对决则无大碍，怕就怕他在背后射冷箭。此外，胜利也会为你带来很多人际关系上的变化及负担，或许，这也算是胜利所付出的代价吧！

所以，不必事事求胜，竞技场上不求胜是孬种，但在人性丛林里，事事求胜的人却是愚者。然而也不是凡事都要做个失败者，而是你要考虑：

这个“胜利”对我的价值和意义如何？

为了这个“胜利”，将付出什么样的代价？

打败对方，将产生怎样的人际效应？

“失败”和“胜利”相比，何者价值大？

有了这些思考，该求胜就求胜，并且也要承担求胜之后所产生的种种后遗症，如果没必要求胜，那么就求败吧。

不过，求败也要有一些技巧。不可不战而败，那会引起对方的不满与怀疑，反而对你不利。你必须“假装”拼命，然后再”狼狈”地落败，否则想要求败都求不得。

求败还有一个好处，那就是可以隐藏实力，别人永远搞不清楚你到底有多少斤两，而这就是你在必要时求胜的最好本钱。

事事都胜，容易引起别人嫉妒，有时反而会影响你追求大胜利，所以宁可小事求败，大事才求胜。

在竞技场上要全力争胜，但在人性丛林里，事事求胜的人却是愚者。

得意失意都有好心境

生活中，我们有时会看到这样的现象：当一个人取得成功的时候，他会欢呼雀跃，以最隆重的方式庆祝这一成绩。但如果是失败了，他便会失望懊恼，觉得自己被世界抛弃了，没有人爱自己，更没有人会关心自己此时的心情。在这种坏情绪的驱使下，他的心情开始更加低落，觉得任何人都在嘲笑和讽刺自己，甚至没有勇气再面对世人，于是选择结束宝贵的生命。这样的人，不能坦然面对人生中的得失，这是十分不明智的。

有些人总是欣喜于得到的东西，一包零食、一杯咖啡、一份礼物、一个帮助、一个微笑……每一次的得到都是对人生的充实，都是自我价值的实现，这并没有错。然而，有些人总是纠结于失去的绝望，失去友情、失去亲情、失去爱情、失去晋级、失去奖赏……失去其实不是残缺的代名词，并不意味着是不完美的人生。因为得到与失去之间、成功与失败之间、幸福和痛苦之间，只有一步之遥，我们不必将两者之间的界限划得如此分明，坦然和淡然才是最明智的选择。

要知道，人世间有很多事物，不管我们花了多大的力气，花费多大的心机，即便可以暂时拥有，也不能够长长久久，我们又何必为了这短暂的失去而让自己沉溺于长久的痛苦之中呢？如果我们一味地追逐获得，抑或死守现有的获得，就会身心疲惫，成为生活的仆人、心灵的奴隶！

面对人生中的得失悲喜，我们要做到坦然应对和淡然处之，就必须要让自己学会安顿自己的心灵，不以物喜，不以己悲。如果失败了，不用纠结，拍拍灰尘重新争取；如果犯错了，不用心碎，吸取教训及时改正；如果成功了，不必得意，百尺竿头更进一步；如果收获了，不必沾沾自喜，得失之间泰然处之。当你可以做到坦然地面对生活中的一切悲欢离合时，你便可以得到自己想要的幸福生活。

一个人所处的环境无论是多么艰辛或不和谐，或者一个人的生活条件是多么困难，这都无关紧要。在每个人的体内都有着巨大的潜能，这使他在经受每一次挫折和面临每一次挑战时，内心都能保持坦然和平静，达到“不以物喜、不以己悲”的境界。这样，任何困难都无法破坏他巨大潜能的发挥。

人生短暂，不可每天都轮回在得与失之间，流浪在成功与失败之间，而是要以淡定心面对一切，得之淡然，失之坦然，才能实现事业最终的成功。

处变不惊、临危不乱乃大将风度

人生在世，不如意之事十有八九，在你追求幸福的生活、成功的事业时，难免会遇到一些磕磕碰碰，甚至面临一些危险处境。但是，如果你拥有一颗平静的心，那么不管是何种险恶来袭，都能够信心十足、遇事不慌地战胜它，化险为宜。

古今中外，很多的先贤伟人们都有遇事不慌、沉着冷静的特点，这让他们能够正确地判断局势，然后随机应变，获得成功。冷静平稳的心态往往是成功的必要因素，而愤怒或疯狂易变的心理状态，则常会使人做出不理智的举动，将你引入失败的深渊。当面临生死威胁的时候，凭借正确的人生观、耿直的正义感以及良好的品性，能够使你临危不乱、镇定自若。处变不惊的心态，不仅可以给你平时的生活带来幸福、稳定与畅快，更能在大难临头的时候，助你逢凶化吉、转危为安。

1912年，西奥多·罗斯福正式参加了美国总统竞选。同年10月24日，他正准备去密尔沃基发表演说时，一个名叫约翰·施兰克的精神病患者向他开枪射击，并且击中了他的右胸部。当时，他口袋中的眼镜盒与演讲稿阻挡了子弹的速度，让他保住了性命，但是他仍然身负重伤。他的随从人员坚持要送他去医院，他却斩钉截铁地说："现在我要去做演讲，你们不要阻止我去演讲！你们现在应该做的就是保持镇静！我在做完演讲之前，是绝对不会去医院的，所以，请你们务必记住：保持冷静！我没事的，我的身体很强壮，完全可以撑过这段时间！”说完，他下令继续向大礼堂前进。此时，他身边的人都知道了他被击中的事情，非常担心他的身体，可是，他却带着伤痛，从容不迫地走上演讲台。

有一位记者这样描述了当时的情景：罗斯福面带笑容地向人们招手。男人与女人们纷纷从自己的座位上站起来，向这位令人敬佩的人发出自己爱戴的惊呼和同情的感叹。当时的罗斯福，掏出自己那份沾染了鲜血的讲稿之后，开始了长达一个半小时的讲演，他那近乎微弱的声音荡漾在寂静的大厅里：“我在一生中，已经度过了一段极其悲壮英勇的时光，现在正在继续经历着……”伟大的罗斯福，在关键时刻以自身顽强的意志完成了这次讲演，征服了千千万万支持者的心，在更多的选民中树立起了威信。

罗斯福临危不乱、处变不惊，始终保持平和的心态，这是他成功的关键。要知道，多彩的人生的确少不了激情惊险和大欢大喜来点缀，但平静才是真，把一切弃于凡尘，安然于喧嚣之中，心绪自然会平静，只有这样，你才能更加坦然地面对人生中的得与失。

人生漫漫长路中，不可能时时都是风和日丽的春天，遇到一些困难和挫折在所难免，我们应该做到：既要准备谱写征服激流险滩的人生壮歌，也要具备、处变不乱、气定神闲的平和心境。这样，才能做到“任凭风浪起，稳坐钓鱼台”，成就一番事业。

越挫心越坚，百炼终成钢

不论做什么事，很少有一帆风顺的，总会遇到这样那样的困难和挫折。这就要求我们历练自己的心理承受能力，培养坚忍的品格，以战胜事业拼搏过程中的重重险阻。

坚忍——正是我们所追求的品格。我们之所以追求坚忍的品格，是因为有了它后我们才可能获得一次又一次成功，是因为有了它后我们才可能登上生命的巅峰。

一夜之间，一场雷电引发的山火烧毁了美丽的“森林庄园”，刚刚从祖父那里继承了这座庄园的保罗陷入了一筹莫展的境地。

他经受不住打击，闭门不出，茶饭不思，眼睛熬出了血丝。

一个多月过去了，年已古稀的外祖母获悉此事，意味深长地对保罗说：“小伙子，庄园成了废墟并不可怕，可怕的是你的眼睛失去光泽，一天一天地老去。一双老去的眼睛，怎么能看得见希望……”

保罗在外祖母的说服下，一个人走出了庄园。

他漫无目的地闲逛，在一条街道的拐弯处，他看到一家店铺的门前人头攒动。原来是一些家庭主妇正在排队购买木炭。那一块块躺在纸箱里的木炭忽然让保罗的眼睛一亮，他看到了一线希望。

在接下来的两个星期里，保罗雇了几名烧炭工，将庄园里烧焦的树木加工成优质的木炭，送到集市上的木炭经销店。

结果，木炭被抢购一空，他因此得了一笔不菲的收入。然后他用这笔收入购买了一大批新树苗，一个新的庄园初具规模了。几年以后，“森林庄园”再度绿意盎然。

我们追求坚忍的品格，它让我们无畏于征途中的艰难险阻，它让我们在一次次挫折之后仍是不屈不挠，它让我们在承受一次又一次的打击后却仍能为心的向往而努力奋斗。因为只有在拥有坚忍的品格之后才能具有坚强心理承受力，而有了坚强的心理承受力之后，你才能去正视厄运——从厄运中吸取经验教训去争取下一次的成功，而不是在遭受打击之后一蹶不振，永远陷于“倒霉”的泥淖中再无翻身之日。

我们追求坚忍的品格，因为我们具有一定的心理承受力，虽不像鸡蛋一般脆弱，但也没有钢铁的坚强。这种人可以在失败后获得成功，也可以在挫折中一败涂地。所以，我们仍需要去追求，追求坚忍，追求坚强。

但是坚强的心理承受力并不是说说就能拥有的，它需要我们通过艰苦的努力去树立一种正确的世界观和人生观，以至于正确面对各种失败和挫折。只有正确的面对，才有失败后的成功；只有失败后的成功，才算拥有坚强的心理承受力，才能证明你拥有坚忍的品格。

想要使自己拥有足够坚强的心理承受力，你就要学会坚忍。狄更斯说：“顽强的毅力可以征服世界上任何一座高峰。”

第七章

拓宽心路，成就大事

成大事者必有大胸襟

古希腊神话中有一位大英雄叫海格里斯。一天他走在坎坷不平的山路上，发现脚边有个袋子似的东西很碍脚，海格里斯踩了那东西一脚，谁知那东西不但没有被踩破，反而膨胀起来，加倍地扩大着。海格里斯恼羞成怒，操起一条碗口粗的木棒砸它，那东西竟然长大到把路堵死了。

正在这时，山中走出一位圣人，对海格里斯说："朋友，快别动它，忘了它，离它远去吧！它叫仇恨袋，你不犯它，它便小如当初，你侵犯它，它就会膨胀起来，挡住你的路，与你敌对到底！"

我们生活于茫茫人世间，难免与别人产生误会、磨擦。如果不注意，在我们轻动仇恨之时，仇恨袋便会悄悄成长，最终会堵塞了通往成功之路。

如果所有美德可以自选，我们就先把宽容挑出来吧。也许平和与安静会很昂贵，不过拥有宽容，我们就可以奢侈地消费它们。宽容能松弛别人，也能抚慰自己，它会让我们把爱放在首位，万不得已才动用恨的武器；宽容会使我们随和，把一些人很看重的事情看得很轻；宽容还会使你不至于失眠，再大的不快，再激烈的冲突，都不会在宽容的心灵里过夜。于是，每个清晨，我们都会在希望中醒来。一旦我们拥有宽容的美德，我们将一生收获笑容，收获别人的爱。

一个真正有爱心的人，懂得用一颗宽容的心去对待周围的人和事。宽容不但是做人的美德，也是一种明智的处世原则，是人与人交往的“润滑剂”，是一种表达爱的特殊方式。常有一些所谓厄运，只是因为对他人一时的狭隘和刻薄，而在自己的前进路上自设的一块绊脚石罢了；而一些所谓的幸运，也是因为无意中对他人一时的恩惠和帮助，拓宽了自己的道路。

我们生活在一个越来越不忽视功利的环境里，但倘若太吝惜自己的私利而不肯为别人让一步路，这样的人最终会无路可走；倘若一味地逞强好胜而不肯接受别人的一丝见解，这样的人最终会陷入世俗的河流中而无以向前；倘若一再地求全责备而不肯宽容别人的一点瑕疵，这样的人最终宛如身处于高高的山顶，会因缺氧而窒息。

曾有人把人比喻为“会思想的芦苇”，因为弱小易变，因而心情的变化、情绪的波动，随时都在改变对事物的正确了解。人非圣贤，就是圣贤也有一失之时，我们何以不能宽容别人的失误？宽容并不意味无原则的迁就和退让，也非对自私自利的鼓励和纵容。谁都可能遇到情势所迫的无奈，无可避免的失误，考虑欠妥的差错。所谓宽容就是以宽广的心胸去包容有各种缺点的人们，宽待人们做错的事。因其宽广而容纳了狭隘，因其宽广显得大度而感人，因其宽广而拓宽了事业。犹如水一样，以自己的无形而包容了一切的有形，最终成就了浩瀚的海洋。

欲成大事业，必有大心量

哲人说，宽容和忍让的痛苦，能换来甜蜜的结果。

这句话说得诚恳而有深度，宽容是痛苦的，它意味着放弃心中的愤懑不平，将往日的种种侮辱和痛苦生生咽进肚里。这位哲人能体会到宽容者内心的矛盾和波动，是从人的内心出发，十分诚恳；同时，他又指出了宽容的必然性，因为宽容最终会换来甜蜜，而不宽容则只能给人带来更多的痛苦。即使是从追逐快乐甜蜜远离痛苦这一“趋利避害”的简单本性出发，我们也应该在他人的伤害面前选择原谅。的确，宽容是我们面对伤害应有的态度。

现实生活中，难免会发生这样的事：亲密无间的朋友，无意或有意做了伤害你的事，你是宽容他，还是从此分手，或伺机报复？有句话叫“以牙还牙”，但这样做了，怨会越结越深，仇会越积越多，真是冤冤相报何时了。

一般人总认为，做了错事得到报应才算公平。但英国诗人济慈说：“人们应该彼此容忍，每个人都有缺点，在他最薄弱的方面，每个人都能被切割捣碎。”每个人都有弱点与缺陷，都可能犯下这样那样的错误。作为肇事者，要竭力避免伤害他人，但作为当事人，要以博大的胸怀宽容对方，避免消极情绪的产生，并让彼此回到和谐的状态中来。

芝加哥人茅谭在林肯竞选美国总统期间百般刁难，不时发出批评之声。林肯当选之后，为芝加哥人茅谭在大饭店举行了一个欢迎会。林肯看见茅谭正站在角落里，虽然他曾大声辱骂过林肯，林肯却仍然很有风度地说："你不该站在那儿，你应该过来和我站在一块。"

参加欢迎会的每个人都亲眼目睹了林肯赋予茅谭的荣耀。也正因为此，后来，茅谭成为林肯最忠诚、最热心的支持者了。

原谅正是消除矛盾的有效方法，冤冤相报抚平不了心中的伤痕，它只会将伤害者和被伤害者捆绑在无休止的争吵战车上。甘地说得好，如果我们对任何事情都采取"以牙还牙"的方式来解决，以火气对火气，那么整个世界将会失去色彩。只有放下心中的隔阂，以和气对火气，彼此互相谅解，携手共进，才能共同获得事业上的成功。

心知道去哪里，脚步才能到达哪里

在生活的海洋中，我们随处都可以看到这样一些人，他们只是毫无目标地随波逐流，既没有固定的方向，也不知道停靠在何方，他们在浑浑噩噩中虚度了多少宝贵的光阴，荒废了多少青春的岁月。他们在做任何事时都不知道其意义的所在，他们只是被裹挟在拥挤的人流中被动前进。如果你问他们中的一个人打算做什么，他的抱负是什么，他会告诉你，他自己也不知道到底要去做什么。他只是在那儿漫无目的地等待机会，希望以此来改变生活。

生活中有那么多人没有确定目标和抱负，没有规划良好的人生计划，而只是一天天地得过且过，持有这种人生态度的，不要说取得全面的成功，即便是想取得某一领域的成功也是不可能的。

人生没方向，到哪儿都是流浪。怎么可能指望一个在生活中没有目标的人到达某个目的地呢？怎么可能指望这样的人不处在混沌和迷惘当中呢？

我人生的意义是什么？我想成为怎样的人？我应该过怎样的生活？比起解决这些疑问，先确定人生的方向，找到人生的大目标——值得花费人生大部分时间为之努力的梦想才是最为重要的。

要找到一个富有生命力的梦想，你要做的最重要的一项工作就是要发现自我。当然，我们也应以其他人的成功模式为参考，但首先还是应该从自身内部开始，对自己的气质、形象、性格、适应性、兴趣、感情、弱点、才能、力量、价值观等进行充分探索和思考。

人生是一场追寻自我的生命旅程，在有限的人生历程中，应该不停地去思索追寻我是谁、我是怎样的存在、我为何而存在，弄清我要做什么，我要从哪里出发，到达什么样的终点。

这种自我发现和人生目标的建立在一个人的一生中占据着极其重要的地位。无论一个人学业上获得了多么大的成就或是在社会上达到了怎样的地位，如果对人生的开始和结束没有一个正确的认识，都只会陷入混乱迷惘之中。因此，我们应该不断向自己发问，找到人生的目标，坚持人生的方向。

心知道去哪里，脚步才能到达哪里。只有在自己的心中先设定好事业的方向，才能在正确的道路上持续行进，抵达事业的最高殿堂。

赶跑恐惧这个事业的拦路虎

恐惧是住在内心的“胆小鬼”，它束缚我们的手脚，遥控我们的意志，让我们在困境面前畏缩不前，不敢再向前迈出一步。恐惧是成功的大敌，是事业的拦路虎。要想获得事业上的成功，就要战胜恐惧，打败内心的“胆小鬼”。

有这么一个问题：“一万个人一字排开，你希望被人认识，怎么办？”答案有很多：“穿上色彩鲜艳的衣服。”“大声地介绍自己。”“做出令人注意的动作。”……其实，有更简单的方法：“向前一步走，勇敢地跨出队列。”

是的，战胜恐惧就是这么简单。

著名的成功大师达尔卡耐基刚开始在纽约展开他的训练课程时，第一步就是训练学员站在讲台对大家发表演讲。但是许多学员不是结结巴巴，就是手脚发抖，或者脑中一片空白，什么话都讲不出来。卡耐基告诉他们：“良好的沟通能力是成功的第一步，所有压力恐惧完全是由自己造成的。”然后一步步引导他们，一步一步训练他们，最后，多数人都敢站上讲台发表演说了。

这些勇于面对群众的学员，同时也克服了自己的恐惧，最后在事业发展上也都获得了成功。无畏心的重要可见一斑。

麦克英泰尔是一个平凡的上班族，三十七岁那年他做了一个大胆的决定：放弃薪水优厚的记者工作，只带了干净的衣服，由阳光明媚的加州，靠搭便车横越美国。

他的目的地是美国东海岸北卡罗莱纳州的恐怖角——这只是他精神快崩溃时做的一个仓促决定。某个午后他忽然哭了，因为他问了自己一个问题：如果有人通知我今天死期到了，我会后悔吗？答案竟是那么的肯定。虽然他有好工作，有漂亮的女友，但他发现自己这辈子从来没有下过什么赌注，平顺的人生从没有高峰或谷底。

他为自己懦弱的上半生而痛哭。一念之间，他选择了北卡罗莱纳的恐怖角作为最终目的，借以象征他征服生命中所有恐惧的决心。

最后，麦克英泰尔成为美国媒体中传颂的知名人物。

克服恐惧看起来非常困难，但改变却在一念之间。其实，生活中有很多恐惧和担心完全是我们想象出来的，想要驱除它必须在潜意识里彻底根除。

怎样排除恐惧呢？有两个小方法可以参考。

（1）自我激励法。不断地在自己心里对自己说：没什么可恐惧的，我一定可以做好。自我激励就是鼓舞自己作出抉择并且行动。激励能够提供内在动力，比如本能、热情、情绪、习惯、态度或者想法，能够使人行动起来。

（2）实践法。行动起来，用事实克服恐惧。很多事情没有做的时候，常常会感到恐惧，一旦做起来，就不会恐惧了。特别是事情做成功了，就可以克服恐惧，树立起信心。

内心的恐惧如果不克服，就会严重影响到事业的发展。在恐惧所控制的地方是不可能获得任何有价值的成就的。一个人要战胜困境，成就事业，就要克服恐惧，做内心强大的自己，勇敢挑战人生中的艰难险阻。

拧开制约成功的心理“盖子”

当今世界是一个多元化的、开放的世界，它接纳每一个想要获得成功的人。但是总有一些人与这个时代格格不入，他们把自己封闭在过去的经历中，暗自伤神，岂不知，在这样的过程中已经把成功的机会拱手让人了。

自我封闭的人不懂得，过去并不代表未来，无论你曾经失败过多少次，受过多少挫折，这些都不重要，重要的是，你要对未来充满希望。无论你过去怎样，只要你调整心态，明确自己的目标，乐观积极地行动起来，就能够扭转劣势，更好地成长。

美国著名脱口秀节目主持人奥普拉·温弗莉，曾是个体重90公斤、身材笨重、姿色平平的黑人女性。她出身在美国的一个贫民区，是一个私生子。儿时的奥普拉寄居在亲戚家，受尽了非人的虐待，给她的一生留下了挥之不去的伤痛。十几岁的她曾把家里弄得乱七八糟，假装被打劫的样子，偷走了母亲的钱包。她和伙伴们鬼混，抽烟、吸毒、喝酒，越陷越深，她的青春犹如在肮脏的大染缸里浸泡，母亲甚至想将她送进少管所。

直到14岁，奥普拉才第一次见到父亲。她一直以为自己已经没有希望了，当时也没有人愿意正眼看她。还好，父亲没有抛弃她。她在新的环境中改头换面，参加了学校的戏剧俱乐部，并常在俱乐部举办的朗诵比赛中获奖。后来，在费城举行的有1万名会员参加的校园俱乐部演讲比赛中，温弗莉凭借一篇短小精悍的演讲，赢得了1000美元的奖学金。

在大学里，温弗莉有机会踏进所有电视人梦想的CBS（哥伦比亚广播公司）的大门，但是她开创的充满感情的新闻表述方式，与传统主持人刻板庄严的风格迥异。好在虽然这种风格没有被接受，却为她赢得了另一家电视台的特别关注。不过，这家电视台希望她去纽约接受整容手术，但温弗莉的底子太差，美容师端详了半天后望而却步，整容也就不了了之了。

其实，不仅是外貌上的原因，当时美国的主持界鲜有女性，甚至有人说“女人的声音听起来缺乏可信度”。但是温弗莉证明了这是谬论：她主持的《人们在说话》脱口秀，收视率一路飙升，超过了当年脱口秀有名的节目。另外，她主持的《芝加哥早晨》栏目，从一个下三流的脱口秀一跃而起，变成收视率第一的金牌栏目。后来，《芝加哥早晨》更名为《奥普拉·温弗莉脱口秀》，在全美120个城市同步播出。

如今的奥普拉已经是美国舆论界呼风唤雨的人物，她还去尝试拍电影，推荐优秀的黑人编剧，她的人生之路似乎才刚开始。

从一个标准的黑人小混混，到优秀的毕业生，再到著名的节目主持人，奥普拉·温弗莉一次又一次突破了自我。她也曾经觉得自己没有任何希望了，但只要她去尝试，不断努力，就能成功。其实，很多年轻人都输在了自我设限上。绝大多数人都会以过去的自己来判断未来的自己。事实是，未来的自己完全可以成为另一种样子的人。

因此，我们应当及时摆脱自身“心理高度”的限制，打开制约成功的“盖子”，那么你的职业发展空间和成功率将会大为增加。现实中，总有一些有实力的年轻人在职业发展过程中，特别是求职时，由于受到“心理高度”的限制，常常对一些适合的职业发展机会（如合适的用人单位、升职机会、发展机会等）望而却步，结果，痛失良机，甚至导致经常性的职场挫败。

心理高度决定一个人的事业高度。一个人若想突破事业的“瓶颈”，有所作为，首先就要突破心理的“瓶颈”，不能因为过去的一些失败或是眼前职位的卑微而妄自菲薄，为自己的职业生涯过早地盖上一个“盖子”。在这个开放的时代，我们要敞开胸怀，永往直前，在人生的大舞台上跳出优美的华尔兹。

打开“心眼”看世界

“眼见为实”，告诉我们要通过自己的亲身观察才能得出对事物的结论，但有时事情很复杂，并不是用眼睛看就可以发现其真相的。我们在用眼睛观察的同时，一定不要忘记用心观察，多加思考。

两个旅行中的天使到一个富有的家庭借宿。这家人对他们并不友好，并且拒绝让他们在舒适的客房里过夜，而是在冰冷的地下室给他们找了一个角落。当他们铺床时，年老的天使发现墙上有一个洞，就顺手把它修补好了。年轻的天使问为什么，老天使答道：“有些事并不像它看上去的那样。”第二天晚上，两人又到了一个非常贫穷的农家借宿。主人夫妇对他们非常热情，把仅有的一点点食物拿出来款待客人，然后又让出自己的床铺给两个天使。第二天一早，两个天使发现农夫和他的妻子在哭泣，他们唯一的生活来源——那头奶牛死了。

年轻的天使非常愤怒，他质问老天使为什么会这样。第一个家庭什么都有，老天使还帮助他们修补墙洞，第二个家庭尽管如此贫穷却还是热情款待他们，而老天使却没有阻止奶牛的死亡。

“有些事并不像它看上去的那样，”老天使答道，“当我们在地下室过夜时，我从墙洞看到墙里面堆满了古代人藏于此的金块。因为主人被贪欲所迷惑，不愿意分享他的财富，所以我把墙洞填上了。昨天晚上，死亡之神来召唤农夫的妻子，我让奶牛代替了她。所以有些事并不像它看上去的那样。”

年轻的天使就像一个涉世未深的年轻人，他看不到隐藏在纷繁芜杂的假象背后的真实。所以，有时眼睛看到的并不一定都是真相。

眼睛也会欺骗我们的心灵，有时事情的表面会与真相背道而驰。如果仅凭眼睛看到的就对事情妄下结论，我们就永远发现不了事情的真相，就永远找不到事情的解决方法。

真相混杂在假象里，我们的眼睛，我们思维上的缺失都会阻碍我们去敲响真理的门，对不了解的事，对尚未为人所知的领域作出错误的判断。所以，不要太相信你的眼睛，要用你的心智去看透事情的真相。

“人没有思想，便如同芦苇般脆弱”。那些不会用心观察和思考、没头没脑的凝视者永远只能看到事物的表象。只有那些富有理解力的眼光才能穿透事物的现象，深入到事物的内在结构和本质之中去，看到差别，进行比较，抓住潜藏在表象后面的更深刻、更本质的东西。

别让你的眼睛蒙骗了你的心智。打开“心眼”看世界，用心观察事情的细微变化，用心捕捉表象背后的机会，才能发掘出事情的真正解决方法，为事业打开一片通道。

换个角度，找到出路

尼采曾说：“没有真正的事实，只有诠释。”每一件事都有好多面，你从不同的角度来看，看到的东西也就会有不同面貌。最好的东西到了另外一种情境，可能会变成最坏的东西，相同的，你弃如敝屣的东西到了其他人手上，也可能会是对方的无价之宝。因此，当你从好的这一面看，映入你眼帘的会是世界的美好；当你从坏的一面看，只会看到一个千疮百孔的人生。无论从哪个方向看，决定权都在于你，当事情无法改变时，改变看事情的角度，你一定能找到出路。

小高有一次在外头玩得太晚，只好走夜路回家，途中经过一片荒地，路上一片漆黑。

小高一边走一边咒骂，懊悔自己早先遗落了打火机，害得现在连一个照明的工具都没有。

正在怨天尤人的同时，突然眼前出现了一点亮光，逐渐向自己靠近，于是小高加快脚步，朝灯光走过去。

等到走进灯光里的时候，小高才发现那个拿着手电筒走路的人，竟然是个双目失明、戴着墨镜的盲人。

小高感到十分诧异，于是开口问那名盲人：“你又看不见，手电筒对你而言一点用处也没有，为什么你还要带着手电筒呢？”

盲人听了小高的话后，缓缓地叹了一口气说：“你有所不知，这条路实在太黑了，别人常常看不到我，匆匆忙忙走过去，一不小心就把我给撞倒了，所以我只好拿着手电筒走路。虽然我看不到别人，但是别人可以看到我，就不会再把我撞倒了。”

英国剧作家萧伯纳曾说过：“当问题发生时，人们往往归咎于环境，事实上，一个人应该努力适应四周的环境，如果无法适应，便要自己去创造环境。”在上面这个故事中，聪明的盲人懂得变通，制造了一个适合自己的环境，可以说利人又利己。

人生到处充满着意外和变化，只知道沿袭过去或安于现在的人，最后必然失去未来。做人就应该和这位盲人一样，懂得适时地转弯，反向思考。为自己的困顿找出路，困难其实没有想象中那么复杂，只要换个角度，你便可以看得更清楚。

当你感到一件事情很难处理、百思不得其解时，不妨适时调整一下心情，转换一下角度， 事情就会变得明朗起来，你很可能就能找到事情的解决方案。

打开心路，事情柳暗花明

有一则脑筋急转弯这么说：“一个人要进屋子，但那扇门怎么拉也拉不开，为什么？”回答是：因为那扇门是要推开的。

生活中我们有时会犯一些诸如只知拉门进屋，不知推门的错误。其中的原因很简单，就是我们有时遇事爱钻牛角尖，不会变通。有时候，周围的环境变了，我们却不知变通，还在固执一端，钻牛角尖，认死理，结果却闹出笑话来。

《吕氏春秋》里记载：楚国有一个人搭船过江，一不小心，身上的剑掉进了河里。同船的人都劝他下水去捞，但他却不慌不忙，从身上拿出一把小刀，在剑落水的船边刻个记号，有人问：“做什么用啊？”他回答说：“我的剑就是从这个地方掉下去的，我作个记号，等会儿船靠岸时，我就从这个记号的地方下水去把剑找回来。”船靠岸时，他就这样去找剑，结果自然没有找到。

刻舟求剑，是一种刻板的，不知变通的思维方式。有时候我们的思想就像那把剑，环境的大船已经变了，而我们却还在那里原地不动，有时候我们也会刻舟求剑。

俗话说：“变则通，通则久。”只要我们学会变通，许多事情都能变不可能为可能，都能变坏事为好事。

两个欧洲人到非洲去推销皮鞋。由于炎热，非洲人向来都是打赤脚。第一个推销员看到非洲人都打赤脚，立刻失望起来：“这些人都打赤脚，怎么会要我的鞋呢？”于是，他便沮丧而回。另一个推销员看到非洲人都赤脚，惊喜万分：“这些人都没有皮鞋穿，这皮鞋市场大得多呢！”于是，他想方设法引导非洲人购买皮鞋，最后他发大财而回。

第一个人不懂变通，一味钻牛角尖，总以为牛不喝水，便不能强按头。第二个人则不然，他会变通一下，给牛点盐吃，不也就能让它喝水了嘛！

关于皮鞋的由来，据说还有这样一个典故：

早期没有鞋子穿，人们走在路上，都得忍受碎石硌脚的痛苦。某一个国家，有一个太监把国王的所有房间全铺上了牛皮，当国王踏在牛皮上时，感觉双脚非常舒服。

于是，国王下令全国各地的马路上，都必须铺上牛皮，好让国王走到哪里，都会感觉舒服。有一个大臣建议：不需要如此大费周折，只要用牛皮把国王的脚包起来，再拴上一条绳子就可以了。于是无论国王走到哪里，都感到舒服。

故事中的大臣是聪明的，他的变通，使舒服与节约两全其美。假如，我们在工作学习之余，能学会变通，随时调整自己的方向和步骤，便会有事半功倍的效果。

生活中，我们也应该学会变通，学会在山穷水尽的时候，转换一下心情，转换一下思路，事情说不定会“柳暗花明又一村”。

砸开心锁，事情迎刃而解

有个教徒在祈祷时，烟瘾来了，他问在场的神父，祈祷时可不可以抽烟，神父回答“不行”。另一个教徒也想抽烟。他问神父，在抽烟的时候可不可以祈祷。神父回答：“当然可以。”

同样是抽烟加祈祷，要求祈祷时抽烟，那似乎意味着对耶稣的不尊重；而要求抽烟时祈祷，则可以表示在休闲时也想着神的恩典，神父当然没有反对的理由。

我们通常都会犯同一个错误——在同一面墙上撞来撞去，直到撞得头破血流。从相反的角度去观察我们所要解决的问题，我们也许会找到想要的答案。

两个儿子大了，富翁老了。这些日子富翁一直在苦苦思索，到底让哪个儿子继承遗产？富翁百思不得其解。想起自己白手起家的青年时代，他忽然灵机一动，找到了考验他们的好办法。

富翁锁上宅门，把两个儿子带到一百里外的一座城市里，然后给他们出了个难题，谁答得好，就让谁继承遗产。他交给他们一人一串钥匙、一匹快马，看他们谁先回到家，并把宅门打开。

马跑得飞快，所以兄弟两个几乎是同时回到家的。但是面对紧锁的大门，两个人都犯愁了。

哥哥左试右试，苦于无法从那一大串钥匙中找到最合适的那把；弟弟呢，则苦于没有钥匙，因为他刚才光顾了赶路，钥匙不知什么时候掉在了路上。

两个人急得满头大汗。突然，弟弟一拍脑门，有了办法，他找来一块石头，几下子就把锁砸了，他顺利地进去了。

自然，继承权落在了弟弟手里。

人生的大门往往是没有钥匙的，在命运的关键时刻，人最需要的不是墨守成规的钥匙，而是一块砸碎障碍的石头！砸开“心锁”，原本看起来难办的事情就可以轻而易举地解决。

没有一成不变的事物，也没有放之四海而皆准的真理，必须变化地去看事物。抱着旧观念、旧框框去看待新情况，必然是行不通的。在取舍、肯否之间很容易形成“定而不移”之势。唯一可行的解除心理定势的办法，就是拓宽心路，开阔视野，改变我们既有的思维方式，时刻警惕陷入“经验”中去。

事情发生了总会有解决的方法的，突破心理的局限，变通一下方式，通常就会使一些困扰我们的问题迎刃而解。

没有办不到，只有想不到

成功从根本上讲，是“想”出来的。只有敢“想”，会“想”，善于思考，才会是成功者的候选人。杰出人士是善于用心思考，用脑思考，把别人难以办成的事办成，把自己本来办不成的事办成。当别人失败时，你如果可以从他人的失败中得出正确的想法，并付诸行动，你就可能成功。当你自己失败了，你能够转换到一个正确的想法上，再付诸行动，你同样可以获得成功。

如果你想要少做一些工作但仍能得到想要的东西，那么你就一定要比普通人思考的更多。当然，如果你的思考本来就是错误的，那再多的思考也是无益的。你所想的一定要具备高质量、积极向上并具有创造性。

平庸的人往往不是懒得动手脚，而是不爱用心思考，这种习惯制约了他们的发展。相反，那些成绩优异的人无一不具有善于思考的特点，善于发现问题、解决问题，不让问题成为人生难题。可以讲，任何一个有意义的构想和计划都是出自于思考。一个不善于思考的人，会遇到许多举棋不定的情况；相反，正确的思考者却能运筹帷幄，作出正确的决定。

1999年，比尔·盖茨在接受中央电视台专访时谈到他作为微软公司的总裁，再也没有编写软件的时间了，但是无论多么忙，他每周总会抽两天时间，到一个宁静的地方呆一呆。为什么呢？他说，面对繁重的工作和激烈竞争的IT市场，他作为管理者，不能把精力浪费在繁琐的小事上，他必须有专门的时间去思考，以作出具有战略意义的决策。

从上面的例子我们可以看出，成大事者不善于思考是不行的。只有专注的思考才能集聚自身的力量、勇气、智慧等去攻克某一方面的难题，才能取得良好的效果。

所有计划、目标和成就，都是思考的产物。你的思考能力，是你唯一能完全控制的东西。你可以以智慧，或是以愚蠢的方式运用你的思想，但无论如何运用它，它都会显现出一定的力量。没有正确的思考，你不可能克服坏习惯，也防止不了挫败。

一个人要成就大事，首先得先思考你的事业，思考你自己，向自己问问题。只有养成了这样的习惯，在事业的开创过程中，不断地思考自己，思考自己所做过的、正在做的和将要做的事情；不断地向自己提出问题，看一看哪些是需要弥补的不足之处，哪些是应该改正的错误之处，哪些是该向人请教的不明处……只有这样，才会不断前进，走向成功。

要养成的最有价值的习惯，就是在下决心之前，一定要对自己多发问，注意整理自己的思路。这可以让人有一次机会，来合理地整理自己的思绪，或回想自己为什么或怎样会有这种决定，这个过程虽然看起来简单，但却会在处理问题的过程中收到实效。

成事八字诀——学会选择懂得放弃

很多人的成功或失败，并不取决于他做事的态度，往往取决于他们的选择。

人生不过是一连串选择的过程，从你早上起来要穿哪一套衣服出门开始，你就在选择；中午要去哪里吃饭，你又在选择。女士有众多的追求者，在考虑结婚的时候，到底是哪一位男士比较适合自己，这需要选择；男士找对象时也需要从女士中选择。选择有大有小，但每日、每月所有的选择的累积影响了你人生的结果。

一个选择对了，又一个选择对了，不断地作出对的选择，到最后便产生了成功的结果；一个选择错了，又一个选择错了，不断地作出错的选择，到最后便产生了失败的结果。

有的人希望工作更顺利、更快乐，但他总是在做他不喜欢的工作，这是他的错误选择，因为他明明可以换工作；有的人希望身体更健康、更强壮，但他总是说他没有时间运动，导致身体虚弱，这是他的选择，因为他明明可以抽出时间来运动；有的人希望家庭更幸福、小孩更听话，但他总是跟太太吵架，导致小孩学业跟不上，这是他的错误选择，因为他明明可以控制好情绪并花时间教育小孩；有的人希望人际关系更好，但他总是说他朋友少，这也是他的选择，因为他可以让自己多交一些朋友，但他不去交；有的人希望赚更多的钱，但他总是抱怨收入不够多，他明明可以更努力地去赚更多的钱，但他却不努力，这是他的错误选择。

成功是一种选择，选择正确了，努力就会事半功倍，你就会快速走向成功；一旦选择错误了，即使你再努力也无济于事。

若想有一个成功的人生，我们必须降低错误选择的出现几率，减少作错误选择的风险。这就必须预先明确你人生中想要的结果是什么，并且为这个结果作出所有的选择。明确你人生想要的结果是什么，这本身就是一个选择。

我们要取得事业上的成功，不仅要学会选择，还要懂得放弃。有时，沿着一条道路向前走，最后可能会进入一个“死胡同”，这时就要果断放弃自己的努力，重新选择方向，开辟新的道路。

在生活中，有时不好的境遇会不期而至，搞得人猝不及防。这时如果能放弃焦躁性急的心理，安然地等待生活的转机，那你的机遇就会好转起来，你就能在一种超然的境界中找到自己的位置，从而重新确立自己前进的方向。若干年后，当你回首那段往事时，会为当时正确的选择感到自豪，感到无愧于自己的人生。也许正是当年的放弃，才有了今后的成就，才到达了成功的彼岸。

真正的强者，应该学会放弃，放弃了才可能重新再来，才有机会获得成功。这样的放弃是为了开始新的进取，是为了有所获得。放弃一些你无意或者是无法得到的，才能够更专注、更有力地追求你想要得到的。懂得放弃，人生才显得更加积极主动。

懂得放弃，既是遍历归来的路，又是重登旅程的路；既是对过去诱发深思的路，也是对未来满怀憧憬的路。当一切尘埃落定，当一切归于平静，我们才会真正懂得放弃其实也是一种美丽的收获。

放弃一些不适合自己的机会，抓住一些有利于自己的机会，才能笑看人生风云，成就不世伟业。

第八章

赢在自控力，胜在好心态

克制自我为明天——训练自控力

人类有许多行为，大部分行为总是指向环境的，与自我控制无关，比如我们每天的吃饭、娱乐等。人类还有另一类行为，即指向或为改变自我以后行为反应的可能性而产生的行为，这类行为就是自我控制的行为，自控行为改变了原有的行为后果，是一种有意识的意志行为。

自控能力就是自我控制能力，就是实施自控行为的能力。它是自我意识的重要成分，是个人对自身的心理和行为的主动掌握；是个体自觉地选择目标，在没有外界监督的情况下，适当地控制、调节自己的行为，抑制冲动，抵制诱惑，延迟满足，坚持不懈地保证目标实现的一种综合能力，表现在认知、情感、行为等方面。

自我控制能力是指我们在任何时候都能够保持冷静，能及时地控制自己的情感和行为。但是这只是指在我们比较冷静的时候，理性才会战胜冲动，而我们一般在比较感性的时候，怎样控制好自己的情绪？控制自己往往是在自己理性的时候，而不想控制自己往往是在感性的时候。所以用理性的目标似乎不能解决感性的问题。每个人都有这样的感觉，不能够完全避免，所以只能改善。

心理学研究者做过一个有趣的实验，他们请来一群三四岁的小孩子，分给他们每人一份棉花糖。告诉他们，他们可以马上就吃，但如果他们愿意等一等，等到研究者出去办完事回来以后再吃，他们就可以得到双份的棉花糖。研究者说完后即离开了房间。

孩子们是如何表现的呢？可以分成三类：

A类：急不可耐，立刻把糖拿起来吃掉了。

B类：等了几分钟，但实在忍不住了，也把糖吃掉了。

C类：耐心等待，一直等到研究者回来，终于吃到了第二份。

之后，研究者对这些孩子进行了跟踪研究。若干年后，孩子们长大了——

自我控制能力强的“C类”孩子讨人喜欢，比较敢于冒险，自信、坚强、可靠、自制力较高。不仅在学习上表现优越，社会适应能力也很强，普遍都获得了成功。

那些只想满足眼前欲望的孩子，没有办法克制自己的“A类”和“B类”孩子，在各方面的成就都比较低。

美国学者对一些3岁半至4岁半的幼儿进行了自我延迟满足追踪30年研究，结果表明，那些在幼儿期能够等待的青年人都较为成功，而那些在幼儿期等不得、控制不住自己的人长大后事业都无起色。事实上，幼儿阶段自控能力较好的人，到了小学阶段学习成绩大都比较好。有的孩子很聪明，可是自控力差，上课做小动作，貌似听讲实则神离，结果是一听就会、一放就忘、一做就错。

一个人一旦缺少自控力，很容易被自己的情绪左右，做事时就会情绪化，影响做事的效果。没有自控力的人最终终将一事无成。自我控制是一种重要的能力，也是人区别于动物的重要标志。良好的自控能力是21世纪所需要的创新型人才的必备素质。要想成就一番事业，就要克制自己的情绪，努力训练和提升自己的自控力。

调控内驱力，提升自控力

我们常常可以听到这样的事情：考场上，一个平时成绩优秀的学生会因临场的状态不佳，而使头脑一片空白，反应迟钝，思路闭塞，表现出浮躁不安情状，结果成绩平平，高考落榜。

实际上，做任何事情，内驱力适中，能够稳定情绪，提升自控力都是非常重要的。临场的心理体验会直接影响到你成绩的成败。

运动员的体验会告诉我们，为了成为一个获胜者，你必须认为你是个获胜者。因为当你信心百倍地参与竞争时，会领略到“搏杀”的刺激，获得成功那瞬间的兴奋满足；当你心事重重、无精打采，或过度紧张时，又会尝到不安、沮丧烦躁和焦虑的滋味。

拳击比赛很容易得出结果：一胜一负。然而常常是力量最大、速度最快、耐力最强的一方获胜吗？事实并非如此。如果体质较弱的一方有较好的自我感觉，他就有可能获胜。相信自己会胜的一方比没有这一信心的另一方具有明显优势。

在拳击术语中，这叫做“最佳竞技状态”。带着自我失败感觉的拳击手会发挥失常，他会逃避，因为他害怕他的对手避开他。

情绪稳定会使一个人有更大的耐力，反应更为敏锐。它使肾上腺素流动，给人补充信心，使他发现自己做什么事情都游刃有余。身心配合默契，做事得心应手。

其实每个人都拥有内驱力适中的能力。在很多事情上，你都有自信、勇气、冲动，或者是冷静、轻松，或者是坚定、决心，也或者是创造力、幽默感，更或者是敢冒险、灵活，随机应变……所有这些能力，细想一下，你会发觉都是一份内心里的良好感觉。

生活中，内驱力不足的人，情绪掌控能力比较差，也更容易遭遇到失败。情绪稳定，自控力良好的人，往往表现出坚毅、爱和面对现实的活力。他们神采焕然，专注负责，勇于开拓，肯冒险犯难。他们敢及时把握机会作改变，而不优柔寡断，所以能把握时运。他们不逃避现实，所以，好运气更容易降临在他们身上。这样的人就是处于内驱力适中的状态。

控制情绪阀门，成就非凡人生

美国密歇根大学一位心理学家研究发现，一般人的一生平均有30%的时间处于情绪不佳的状态，因此，人们常常需要与那些消极的情绪作斗争。

情绪变化往往会在我们的一些神经生理活动中表现出来。比如：当我们听到自己失去了一次本该到手的晋升机会时，我们的大脑神经就会立刻刺激身体产生大量起兴奋作用的物质，其结果是使我们怒气冲冲、坐卧不安，随时准备找人评评理或者“讨个说法”。

当然，这并不意味着我们应该压抑所有这些情绪反应。事实上，情绪有两种：消极的和积极的。我们的生活离不开情绪，它是我们对外面世界正常的心理反应，我们所必需的只是不能让我们成为情绪的奴隶，不能让那些消极的心境左右我们的生活。

人不会永远都有好情绪，任何人遇到灾难，情绪都会受到一定影响。

这时，你一定要操纵好情绪的转换器。面对无法改变的不幸或无能为力的事，就抬起头来，对天大喊：“这没有什么了不起，它不可能打败我。”或者耸耸肩，默默地告诉自己：“忘掉它吧，这一切都会过去！”

被称为世界剧坛女王的拉莎·贝纳尔，突遇风暴，不幸在甲板上滚落，足部受了重伤。当她被推进手术室，面临锯腿的厄运时，突然念起自己所演过的一段台词。记者们以为她是为了缓和一下自己的紧张情绪，可她说："不是的，是为了给医生和护士们打气。你瞧，他们不是太正儿八经了吗？"

贝纳尔在面对无法抗拒的灾难时，没有恨天怨地，没有抱怨命运不公，相反，她勇敢地跳出悲伤、焦虑的圈子，重新燃起生活的激情。

一句"他们不是太正儿八经了吗"表明她心中的情绪转换器一定调整到了最佳状态！贝纳尔手术圆满成功后，她虽然不能再演戏了，但她还能讲演，她的充满生命热情的讲演，使她的戏迷再次为她鼓掌。

情绪是可以调适的，只要我们操纵好情绪的转换器，随时提醒自己，鼓励自己，我们就能让自己常常有好情绪。那么，当坏情绪突然来临时，如何调适，操纵好情绪呢？下面的方法可供你参考：

（1）合理宣泄。通过体育运动、写日记、听音乐、旅游、找朋友聊天来加以宣泄，也可以在无人的地方大声喊叫或大哭一场来解除自己的压抑情绪。

（2）转移注意力。当遇到困难挫折时，通过转移注意力的方法来切断不良情绪的发展，发挥自己的优势和兴趣爱好，把不良情绪转移到现实的行为中去，以弱化坏情绪。切记不要把心中的烦恼和怨气发泄到他人身上，或采取一些不良的嗜好进行错误应对。

（3）升华。把不良情绪升华到现实的学习、工作、生活中去。在情绪不佳时，应理智地面对人生，冷静地对待每一件事情，把着眼点放在自己的事业上，创建新生活和工作。全心投入到学习工作之中，以增加自信和动力，淡化其坏情绪。

输什么不能输给自己

有些人一遇到挫折，就会觉得自己倒霉透顶。于是，嘴里发着牢骚，心里愤愤不平。其实这样的生气是无谓的，根本不能改变现状，还不如利用这些时间想想如何变不利为有利，跨过艰难。

约翰尼·卡特很早就有一个梦想——当一名歌手。参军后，他买了自己有生以来的第一把吉他。他开始自学弹吉他，并练习唱歌，还自己创作了一些歌曲。服役期满后，他开始努力工作以实现当一名歌手的愿望，可他没能马上成功。没人喜欢听他唱歌，他连电台唱片音乐节目广播员的职位也没能得到。他只得靠挨家挨户推销各种生活用品维持生计，不过他还是坚持练唱。他组织了一个小型的歌唱小组在各个教堂、小镇上巡回演出，为歌迷们演唱。不久，他制作的一张唱片吸引了两万名以上的歌迷，金钱、荣誉、在全国电视屏幕上露面——所有这一切他都赶上了。他对自己坚信不疑，这使他获得了成功。

然而，卡特又接着经受了第二次考验。经过几年的巡回演出，他被那些狂热的歌迷拖垮了，晚上必须服安眠药才能入睡，而且还要吃些“兴奋剂”来维持第二天的精神状态。他开始染上一些恶习——酗酒、服用催眠镇静药和刺激兴奋性药物。他的恶习日渐严重，以致对自己失去了控制能力：他更多地不是出现在舞台上而是在监狱里。到了1967年，他每天必须吃一百多片药。

一天早晨，当他从佐治亚州的一所监狱刑满出狱时，一位行政司法长官对他说：“约翰尼·卡特，我今天要把你的钱和麻醉药都还给你，因为你比别人更明白，你能充分自由地选择自己想干的事。这就是你的钱和药片，你现在就把这些药片扔掉吧，否则，你就去麻醉自己、毁灭自己，你自己选择吧！”

卡特选择了生活。他又一次对自己的能力有了肯定，深信自己能再次成功。他回到纳什维利，并找到他的私人医生，开始戒毒瘾。尽管这在别人看来几乎不可能，因为戒毒瘾比找上帝还难。但他把自己锁在卧室闭门不出，一心一意就是要根绝毒瘾，为此他忍受了巨大的痛苦，经常做噩梦。后来，在回忆这段往事时，他说，那段时间总是感觉昏昏沉沉的，好像身体里有许多玻璃球在膨胀，突然一声爆响，只觉得全身布满了玻璃碎片。当九个星期以后，他又恢复到原来的样子了，睡觉不再做噩梦。他努力实现自己的计划，几个月后，重新登上了舞台。经过不停息地奋斗，他终于又一次成为超级歌星。

一个人要想征服世界，首先要战胜自己。天底下最难的事莫过于驾驭自己，这正如一位作家所说：“自己把自己说服了，是一种理智的胜利；自己被自己感动了，是一种心灵的升华；自己把自己征服了，是一种人生的成熟。大凡说服了、感动了、征服了自己的人，就有力量征服一切挫折、痛苦和不幸。”

生活中，不好的情绪常常折磨我们的心灵，使我们做事情总是犯错误。因此，我们应在情绪控制自己之前控制情绪。那些失败得一塌糊涂的人通常是那些被情绪驾驭的人，而能取得成就的人往往是能驾驭情绪的人。

如果任凭感情支配自己的行动，就会使自己成为感情的奴隶，命运的奴仆。人应该有战胜自己的感情，控制自己命运的能力。要战胜命运，战胜世界，首先要战胜自己。

心智成熟，人生才能少走弯路

心智圆融是成熟者应有的特质。心智圆融不只在于能够控制自己的情绪，它更在于一个人如何给自己准确定位，如何面对各种复杂的局势，如何处理生活中、事业上突如其来的变化。

这是一个真实的故事：在临近高考还有23天的那天早上，他在彷徨中收拾好书包离开了教室。从那以后同学们再也没有见过他……太不理智、太不成熟啊！很多人如是慨叹。

什么是成熟？成熟意味着由复杂走向简单。

成熟意味着一种从容。

成熟者有许多不同于常人的心理特征，如能主动、直接地参与自己并非感兴趣的活动中；具有对别人表示同情、亲切或爱的能力；能够接纳自己的一切，好坏优劣都如此；能够准确、客观地认清现实和接受现实；知道自己的现状和特点；能着眼未来，行为的动力来自长期的目标和计划。然而，有一点我们绝对不可以忘记——那就是冷静。

是的，冷静是成熟者应有的心智特质。冷静不只在于能够控制自己的情绪，它更在于一个人如何给自己准确定位，如何面对各种复杂的局势，如何处理生活中、事业上突如其来的变化。

人的情绪是人对现实生活的一种特殊的反应，生活中的事是否符合自己的需要，就会产生种种心理体验。良好的情绪能够成为事业、学习和生活的内驱力，而不良、消极的情绪则会对身心健康、人际交往等产生破坏作用。

人的情绪是能够主动地调控的，你可以试着用理智来驾驭情绪，使自己的心智逐渐成熟起来。当你有足够的理智时，会及时意识到自己情绪的变化，怒起心头时能马上意识到不对，能迅速冷静下来，主动控制自己的情绪，用理智减轻自己的怒气，使情绪保持稳定。

理性是知识、智慧的独到涵养，更是理智、大度的深刻感悟。我们面对着一个高速发展的物质世界，我们必须具有心智的成熟美。否则，就是成功送到我们面前，还是难免在毛躁中去与失败相遇。

积极寻求美好的事情，你就会找到快乐，走向成功；总是关注失意的事情，你就会走向失望的深渊，无力面对生活，无力面对失败。所以，我们要培养成熟的心智，用理智战胜情感，战胜挫折情绪。这样，我们就能清醒看待人生中的困境，理智而有策略地解决和处理做事过程中出现的问题，在前行的道路上走得更加稳重，更加迅速。

内心期待什么，即能做成什么

对于我们的生命，最有价值的莫过于在心中怀着一种乐观的期待态度。所谓乐观的期待，就是希冀获得最好、最高、最快乐的事物。

假如对于我们自己的前程，有着良好的期待，这就足以激发我们最大的努力。期待安家立业、安享尊荣；期待在社会上获得重要的地位，出人头地。这种种期待都能督促我们去努力奋斗。

世界上有许多人认为，世上一切舒适繁华的东西、精美的房屋、华丽的衣服以及旅行娱乐等，不是为他们预备的，而是为其他人预备的。他们相信这种种幸福，不属于他们所有，而是属于另外阶层的人所有，原来他们自己认为属于低等的阶层，属于没有希望的阶层。试问，一个人有了这样的自卑观念后，还怎能得到美好的享受呢？

假如一个人不想得到美好的享受，志趣卑微，自甘低下，对于自己也没有过高的期待，总是认为这世间的种种幸福并非为自己预备着的，那么这种人自然就永远不会有出息。

我们期待什么，便得到什么，人应该努力期待；假如我们什么都不期待，自然就一无所得。安于贫贱的人，自然不会过上富裕的生活。

有了成功的期待，心中却常抱着怀疑的态度，常怀疑自己能力的不足，心中常对失败有多种预期，这真是所谓南辕北辙！只有诚心期待成功的人，才能成功。所以，做一个人必须有积极的、创造的思想，而乐观的思想也尤为重要。

有的人一方面努力这样做，而同时又那样想，最终就只有失败。假如你渴望得到昌盛富裕，而同时却怀着预期贫贱的精神态度，那么你永远不会走入昌盛富裕的大门。

有很多人虽然努力做事，但常常一事无成，原因在于他们的精神态度不与其实际努力相对应——当他们从事这种工作的时候，又在希冀着其他工作。他们所抱有的错误态度，会在无形中把他们所真正渴求的东西驱逐掉。不抱有成功的期待，这是使期待无法实现的巨大障碍。每个人都应该牢记这句格言：“灵魂期待什么，即能做成什么。”

诸多成功者都有着乐观期待的习惯。不论目前所遭遇的境地是怎样的惨淡黑暗，他们对于自己的信仰、对于“最后之胜利”都坚定不移。这种乐观的期待心理会生出一种神秘的力量，以使他们达到愿望的目的。

期待会使人们的潜能充分地发挥出来，期待会唤醒我们隐伏的力量。而这种力量如若没有大的期待，没有迫切的唤醒，是会长久被埋没的。

每个人都应当坚信自己所期待的事情能够实现，千万不能有所怀疑。要把任何怀疑的思想都驱逐掉，而化之以必胜的信念。在乐观的期待中，要有坚定的信仰；假如有坚定的信仰，努力向上，必定会有圆满的成功。

遇事要往好处想一想

有些人始终对自己的生活不满意，总认为自己运气太差。那么，这些人不妨读读这篇文章：

生活是极不愉快的玩笑，不过要使它美好却也不是很难。为了做到这点，光是中头彩赢了几十万元，得了“白鹰”勋章，娶个漂亮女人，以好人出名，还是不够的——这些福分都是无常的，而且也很容易习惯。为了不断地感到幸福，甚至在苦恼和愁闷的时候也感到幸福，那就需要：善于满足现状；很高兴地感到：“事情原来可能更糟呢”，这是不难的。

要是火柴在你的衣袋里燃起来了，那你应当高兴，而且感谢上苍：多亏你的衣袋不是火药库。

要是有穷亲戚上别墅来找你，那你不要脸色苍白，而要喜气洋洋地叫道：“挺好，幸亏来的不是警察！”

如果你的妻子练钢琴，那你不要发脾气，而要感谢这份福气：你是在听音乐，而不是听狼嗥或者猫的音乐会。

你该高兴，因为你不是拉长途马车的马，不是寇克的“小点”，不是旋毛虫，不是猪，不是驴，不是茨冈人牵的熊，不是臭虫。

如果你不是住在边远的地方，那你一想起命运总算没有把你送到边远的地方去，你岂不觉着幸福？

要是你有一颗牙痛起来，那你就该高兴：幸亏不是满口的牙痛起来。

你该高兴，因为你居然可以不必读《公民报》，不必坐在垃圾车上，不必一下子跟三个人结婚。

要是你给送到警察局去了，那就该乐得跳起来，因为多亏没有把你送到地狱的大火里去。

要是你挨了一顿桦木棍子的打，那就该蹦蹦跳跳，叫道："我多么运气，人家总算没有拿带刺的棒子打我！"

要是你的妻子对你变了心，那就该高兴，多亏她背叛的是你，不是国家。

依此类推……朋友，照着我的劝告去做吧，你的生活就会欢乐无穷了。

这篇文章原本是契诃夫对企图自杀者的进言。一般人看了以后都会忍俊不禁，幽默诙谐当中的确蕴含了丰富的哲理，寄寓了他对真诚生活的向往。

将这篇文章伸展开来，我们可以想：

如果虚度了今天，那么就暗自庆幸，还有明天，可以重新开始。

如果错过了太阳，不要流泪，不然就要错过群星了。

如果正在刮台风下雨的时候，我们正在街上，把雨伞打开就够了，犯不着去说："该死的天，又下雨了！"这样说对于雨滴，对于云和风都不起作用。我们不如说：多好的一场雨啊！这句话对雨滴同样不起作用，但是它对我们自己有好处，同时也可以把快乐传递给别人。

深圳的一次“城市精英”培训班上，有一个公司的总经理在公众面前谈他的成功经验时说：“我其实没有什么成功经验。到今天为止，40多年来，我每天做的都是很平常的事情。每天我都按计划做我每天的事情，一件事情做完了，接着再做下一件事情。走到今天，应该说我对自己还是满意的，因为，我计划中的目标都实现了。我在深圳有自己的房子、车子、公司，最近又将父母接到了身边，我感到生活让我平实地走了过来，我对生活也充满着挚爱，我在生活中学会了平常的付出，而生活却给了我超常的回报。”

这也是一种成功的做事态度。

心存美好期盼，心想即能事成

当我们渴望自己每天都有一个好心情的时候，我们是否尝试过每天早上起来的时候给自己一个对美好心情的期盼，并且用这种期盼来鼓舞和激励自己呢？真的，这确实是一个非常不错的主意。当我们每一天都坚持做下去，使之成为一种习惯的时候，我们会发现我们的心情越来越好，我们的幸福感觉也越来越强烈。

美国有这样一个故事：一个清晨，汤姆乘坐在老式火车的卧车中，大约有6个男士正挤在洗手间里刮胡子。经过了一夜的疲困，隔日清晨通常会有不少人在这个狭窄的地方做一番漱洗。此时的人们多半神情漠然，而彼此也不交谈。

就在此刻，突然有一个面带微笑的男人走了进来，他愉快地向大家道早安，但是却没有人理会他的招呼，或只是在嘴巴上应付一番罢了。随后，当他准备开始刮胡子时，竟然自若地哼起歌来，看上去显得非常的快乐。他的这番举止令汤姆感到极度不悦。于是汤姆冷冷地、带着讽刺的口吻对这个男人问道："喂！你好像很得意的样子，怎么回事呢？"

"是的，你说得没错。"这个男人如此回答说，"正像你所说的，我是很得意，我真的觉得很快乐。"然后，他又说道："我只是把使自己觉得心情愉快这件事当成一种习惯罢了。"

这就是那个男人说话内容的全部。不过我们相信，在洗手间内所有的人，包括汤姆，都已经把“我只是把使自己觉得心情愉快这件事，当成一种习惯罢了”这句深富意义的话牢牢地记在心中。

事实上，这句话确实具有深切的哲理。不论是幸运或不幸的事，人们心中习惯性的想法往往占有决定性的影响地位。有一位名人说：“穷苦人的日子都是愁苦；心中欢畅者，则常享丰筵。”这段话的意思是告诫世人设法培养愉快之心，并把它当成一种习惯，那么，生活将好像一连串的欢宴。

一般而言，习惯是生活的累积，是能够刻意造成的，因此人人都掌握有创造愉快的心情的力量。

养成心情愉快的习惯，主要是凭借思考的力量。首先，你必须拟订一份有关心情愉快的想法的清单，然后，每天不停地思考这些想法，其间若有不高兴的想法进入你的心中，你得立即停止，并将之设法摒除掉，尤其必须以快乐的想法取而代之。此外，在每天早晨下床之前，不妨先在床上舒畅地想着，然后静静地把有关快乐的一切想法在脑海中重复思考一遍，同时在脑中描绘出一幅今天可能遇到的快乐地图。久而久之，不论你面临到什么事，这种想法都将对你产生积极性的效用，帮助你面对任何事，甚至能够将困难与不幸转为快乐。相反的，倘若你一再对自己说：“事情不会进行得顺利的。”那么，你便是在制造自己的不愉快，而所有关于“不愉快”的形成因素，不论大小，都将围绕着你。

以前，有一位不幸的人，他每天总是在吃早餐时对他太太说：“今天看来又是不愉快的一天。”虽然他的本意并非如此，充其量只不过是一句遁词而已，因为他的口中尽管这么如此念着，实际上在心中却也期待着会有好运来临。然而，一切情况都很糟糕。其实，会有这种情况发生并不令人奇怪，因为心中若预存不快乐的想法，那一天的心情肯定会受到潜意识的影响，所有的事情也许会办得很不顺。

因此，在一天的开始即心存美好的期盼是件相当重要的事。只有这样，许多事物才将可能有美好的发展。

心不烦人不恼，事事会变好

总是顾虑有什么麻烦事会发生？总是在意别人会议论自己什么？总是担心什么时候上司会指责自己？总是在烦躁不安中打发日子？总是为未来的人生心烦意乱？……我们内心充满了这样那样的烦恼，烦恼似乎一刻也没有停止过。

其实，绝大部分的烦恼都源自你的妄想、偏见、误解、杞人忧天。可以说，这些烦恼并没有实质内容可言。你担心的事，九成都不会发生，所谓的烦恼是自找的。

烦恼影响我们的心情，影响我们的健康，还会影响我们做事的效果。在心烦意乱的心境下，一个人是无法集中精力做好事情的。烦闷的心情不仅阻碍我们去做好事情，还会扰乱原有的生活秩序，将事情变得越来越糟糕。

要想生活中的一切如意，就要放下心中的烦恼，以平常心看待生活中的一切。

保持一颗平常心，做到仁爱、平静、理智、乐观、豁达，不以物喜，不以己悲，想得开，想得宽，想得远，对名利得失采取超然物外的态度，一切顺其自然，处之泰然。把风风雨雨、飞短流长统统置之脑后。对那些不愉快的事情，要拨开迷雾，化忧为喜。

当烦恼和痛苦袭来时，我们除了需要平静以对，还可以寻找一些方法来化解和消除。

比如，当心情烦恼时，可以打开日记，把所有的忧郁、烦恼和不快都融入笔端，写入日记，这样一方面可以宣泄心中的不快，另一方面可以理清心绪，平静心情，有时还能“顿悟”和释然。你可以在日记中倾诉生活的烦恼，可以“痛骂”给你带来不快的领导，可以“诉说”失恋给你带来的伤痛。总之，一切的不快乐都可以在日记中宣泄，而宣泄过后，肯定会有如释重负的感觉。

如果说写日记是自己倾诉，那么写信或谈话便是向知音、朋友、师长等信任的人倾诉。可以从他们那里得到同情、理解和帮助。只要勇于打开心扉，朋友便会尽力帮你减轻心理负担的压力，为你分担坏心情。

在忧郁、烦闷时，你也可以放声高唱或打球、跑步、洗澡，借此来忘掉忧愁。

法国作家大仲马说：“人生是一串用无数小烦恼组成的念珠，乐观的人是笑着数完这串念珠的。”一个人如果能乐观地对待不如意的事，自然会烦恼自消，愁肠自解。

无论遭遇任何状况，都不会认为它是一件不得了的事，如果已经知道可能会发生什么不如意的事，能让它不发生是最好的；如果它一定要发生，担心烦恼又有什么用？担心、烦恼不仅帮不了忙，可能还会令情况变得更严重，唯有面对它才是最好的办法。

世间本无事，庸人自扰之。你放不下，烦恼就会时刻跟着你。对于那些莫名的烦恼，大可不必放在心上，想开了，放下了，烦恼便会自动消除，痛苦感也将化为乌有。如此一来，你就会以豁达的心情处理生活中的不如意事情，事情就会向你期望的方向转化，一切都会变得好转起来。

心若向阳，就没有到不了的远方

不论做什么事，不论处于什么样的境地，我们内心都要充满一片希望的阳光。

有一对孪生兄弟，年龄不过四五岁，由于卧室的窗户整天都密闭着，他们觉得屋内太暗，看见外面灿烂的阳光，觉得十分羡慕。

兄弟俩就商量说：“我们可以一起把外面的阳光扫一点进来。”于是，兄弟两人拿着扫帚和簸箕，到阳台上去扫阳光。等到他们把簸箕搬到房间里的时候，里面的阳光却没有了。

这样一而再、再而三地扫了许多次，屋内还是一点阳光都没有。正在厨房忙碌的妈妈看见他们奇怪的举动，问道：“你们在做什么？”

他们回答说：“房间太暗了，我们要扫点阳光进来。”

妈妈笑道：“只要把窗户打开，阳光自然会进来，何必去扫呢？”

把封闭的心灵敞开，内心的阳光就能驱散其中的阴暗。无论处于怎样的境地，总是有人可以看到希望和光明，原因就在于他的心敞开着来迎接光明。

太阳的光芒，无法用扫帚扫入自己的房间，而只要开一扇窗便可轻而易举地获得。我们内心的阳光何尝不是如此。我们每一个人都对生命中的灿烂阳光充满了渴望，我们也在努力地去追寻，但又总是有许多人没有得到。其实每一个能收获生命之中的阳光的人只不过是都遵从了一条秘诀，那就是首先要让自己的心中充满阳光。

当我们心里充满了自爱、坚强、勇气、毅力这些重要的乐观因素时，那些束缚我们的限制将不复存在，我们的心灵就会迎风飞翔。当我们心里充满了悲哀、自卑、自贬、愤世等悲观因素时，那些束缚就会成为真的束缚，使我们的心灵不但飞升不起来，还会不断沉沦。

要让自己的心中充满阳光并非难事，只要我们能积极地去发现生活中的美好和快乐，而多宽容一些不顺和艰辛，那我们就自然会有充满阳光的心境了！

也许你现在正遇到不顺，也许你现在生活得不尽人意；也许你正处在困境中；也许你为之追求的愿望始终没有实现……但是请你一定不要对人生绝望，收起冷漠的眼神，淡然地面对眼前的一切。只要心中有阳光，只要你用阳光的心态去看待这个世界，明天依然充满希望。

好心态好人生，心情佳万事顺

生活如同一面镜子，我们对它笑，它就对我们笑；我们对它哭，它也以哭脸相示。持有什么样的心态，也就决定我们拥有什么样的人生，决定我们在事业上能取得多大的成就。

生活既是人的对手，也是人的朋友，你怎么待他，他便会以其人之道，还治其人之身。作为对手，生活经常会给你出个难题，在你前进的方向设上陷阱，但是只要你用心对他，便能行走自如，便能征服他，把他变为你的朋友；作为朋友，只要你笑对人生，他便会时常让你尝到生活的美好滋味，让你体验生活的快乐。只要保持好心态，用心生活，生活便会把你当作永远的朋友。

一名农夫在偏远农村呆了一辈子，从来没有离开过那片土地，从来没有去过大城市。当一位前去采访的记者问他，一辈子都住在这种恶劣的环境中，没有离开过大山，是否感到遗憾时，他回答说："没有遗憾，我每天都感到很快乐！"

生活是要用心灵去感受。用包容、豁达的心情看待生活，即使处于生命的低谷，也会觉察到人生的美好与幸福。

古代哲学家说过："凡是存在的，都是合理的。"且不论这句话所包含的哲学思想对错与否，它对于生活是完全适应的。

生活中的一切，不论是苦难还是芬芳，不论是烦恼还是快乐，都有其存在的理由，我们都无法回避，无法挑选，只能用心对待，只有这样，才能真正体味到生活的美好滋味。正如有的人喜欢吃酸，但如果整天让他吃酸的话，恐怕几天下来他就要叫苦不迭，见酸后退了。生活也一样，我们祈求天天交好运，但如果整天把自己泡在蜜罐里，也就感觉不到快乐了。苦难是生活的调味剂，是幸福的衬托，用心生活，就不能回避苦难。

拿破仑曾经说过："每个人都要学习专心致志于自己的生活，以期待在自己的人生沙滩上留下足迹。"要想不虚此行，要想今生无悔，就要用心感受生活，以豁达的态度面对人生。

无论生活呈现我们什么样的面貌，我们都始终要保持积极的心态。有了积极的心态，我们就有了信念的基点，力量的源泉，做事的捷径，照亮人生之路的探照灯，打开成功之门的金钥匙。它可以让生活化弊为利，让苦变甜，让事情化繁为简，让难变易。从某种意义上讲，这是一种精神的追求和期待，是一种心境的欢愉和收获。

心态好，一切都会好，万事会顺利。调整好心态，用心生活的人，才能以轻松乐观、从容自如地处理好人生中的各种事情，才能收获美满如意的人生，才能看到生活中最美好的风景。

结语　重拾好心情，迎接好运气

随时随地，我们都可看到墙壁的细缝中，长出了不知名的小树、小花、小草，亦有更多攀爬类的树种。依实际状况，它们的生存环境，应该算是很差的：没有土壤的培育，养分的供给，只靠雨水或露水维持生命。但它们不仅存活得很好，反而枝叶茂盛，甚至爬满了整面的墙壁。污泥中的莲花，在污泥之下长出的莲藕，提供了我们既爽口又营养的食物，而池面上的荷叶，虽被风吹雨打而显现得枯黄叶破，但仍支撑着花梗，使莲花绽放得更为摇曳生姿。

这是自然界给我们最好的启示，不管外面的环境是如何的恶劣，处境是如何的糟糕，只要我们不灰心丧气、不悲观沉沦，始终保持开朗乐观的心情，心向光明，奋发向上，从脚下做起，就能创造生机，建设理想的家园，实现生活的愿望，完成事业的目标。

外在世界的舞台是否完美宽大，布景是否华丽美观，都不会影响我们的演出。因为只要我们能打开心窗，天、地、时空就是我们最佳的舞台；同时，也是我们最华美的布景。在这样的情境中，我们当然应该尽心尽力舞出生命的活力，歌咏出生命雄伟的乐章。

我们无法改变环境，但可以改变自己；无法改变天气，却可以改变心情。好心情可以成就好事情，可以让我们赢得如意的人生，而坏心情则可能将事情导向失败，让我们败走麦城。

心情好不好，由我们自己决定。你每天都应该记住：好心情是你赠送给自己的礼物，不是圣诞节的点缀，而是整年的喜悦。如果愤怒之时，你能冰释掉心中的火焰；消沉之时你能寻回奋斗的力量；无聊之时你能够将时间用于有意义的忙碌；空虚之时，你能够充实自我；懦弱之时，你能够找回信心，扬帆起程……那么，孤独、忧心、失望、丧气、沉沦将永远不能搅扰你。

拥有好心情，你可以感觉好，想得好，做得好，事业更顺利，身体更健康，甚至思维的触觉都变得更灵敏。

莎士比亚在《奥赛罗》一剧中写道："快乐和行动，使得时间变短了。"不论时间的长短，请让你的时间充满愉悦的笑声，让心情充满明媚的阳光，让生活充满灿烂的笑容。

每一天，给自己一个好心情，重新建立对生活的信念，在自己的心情世界里舞出属于你的精彩人生！